中小企業のための
ハイブランドマーケティング

単価も利益も
客層も上がる！

上嶋 悟 著

セルバ出版

はじめに

「もっと安定した経営をしたい」

「高品質で低単価のサービス提供に限界を感じる…」

年々このような相談が増えています。

本書は、歴史やストーリーを伝える「ヘリテージ戦略」と「イメージ戦略」と「顧客を特別に扱うファンマーケティング」の3本柱で高単価・高利益で理想のお客様が集まるビジネスができるようになる、「ハイブランドマーケティング」の本です。

これからの時代は、日本企業もブランド価値を高めるために、ブランドの「イメージ」を上手に使ってマーケティングを行いましょう。

わたしたち日本人は、元々加工貿易が主な産業だったため、「資源を輸入して高品質な製品を輸出し、それによって稼いだお金でまた資源を買う」という考えが根強くあります。

しかし現代は、モノと情報が溢れ、これまでどおりのクオリティーの追求だけでは通用しなくなってきているのです。

ビジネスは昔から、あらゆるものが模倣されてきました。

とくに情報が簡単に手に入るようになった近年は、オンリーワンの商品をつくっても、よいものはすぐに模倣され、あっという間に世の中に広まります。

つまり、どんなに工夫を凝らしてよい商品をつくったとしても、特別なポジションをとれる期間は一瞬なのです。

スマートフォンを発明したAppleでさえも、２０１０年から韓国Samsung Electronicsに13年間トップの座を明け渡していました。米調査会社ＩＤＣによる、「２０２３年通年の世界スマートフォン市場の調査結果」の発表で、Apple（20・1％）、Samsung（19・4％）となり、Appleが首位を獲得しましたが、差はほぼない状況です。

このように、あらゆるものは、一般化（コモディティー化）の波に巻き込まれて、差別化が難しくなっています。

一般化からブランドを守るもの、それは「イメージ」です。

「イメージ」は形がないため扱いにくいものですが、簡単に模倣できません。

本書では、イメージの力をうまく活用してビジネスを拡大している、海外のハイブランドの秘訣をご紹介しましょう。

わたしがコンサルタントとして感じるのは、利益率の高いビジネスを展開する企業は成長し、利益率の低い企業は衰退する傾向があるということです。

海外企業は、差別化の難しい時代にも高利益を出すことが得意です。一方、日本人は原材料や価格を下げて高品質なモノを大量につくることは得意ですが、価格を上げることは苦手です。

しかし、これからの時代を生き残る企業には「価格を上げること」が必要なのです。

そして、モノと情報が溢れる時代に価格を上げるには、「あなただからこそ」「このブランドだからこそ」の価値をわかってもらうことが欠かせません。

本書でご紹介する「ハイブランドマーケティング」は、ブランド価値を認知してもらうための有効なマーケティング手法の1つなのです。日本企業は商品が高品質であるにもかかわらず、近年ブランド価値があまり高くないというのが現状です。

【図表1　世界時価総額ランキング TOP10 比較】

世界時価総額ランキングTOP10（1989年）

順位	企業名	時価総額（億ドル）	国・地域名
1	NTT	1,639	日本
2	日本興業銀行	716	日本
3	住友銀行	696	日本
4	富士銀行	671	日本
5	第一勧業銀行	661	日本
6	IBM	647	アメリカ
7	三菱銀行	593	日本
8	Exxon	549	アメリカ
9	東京電力	545	日本
10	Royal Dutch Shell	544	イギリス

世界時価総額ランキングTOP10（2023年）

順位	企業名	時価総額（億ドル）	国・地域名
1	Apple	23,242	アメリカ
2	Saudi Aramco	18,641	サウジアラビア
3	Microsoft	18,559	アメリカ
4	Alphabet	11,452	アメリカ
5	Amazon.com	9,576	アメリカ
6	Berkshire Hathaway	6,763	アメリカ
7	Tesla	6,229	アメリカ
8	NVIDIA	5,728	アメリカ
9	UnitedHealth Group	4,525	アメリカ
10	Exxon Mobil	4,521	アメリカ

注1：2023年2月28日時点
注2：1989年のデータはダイヤモンド社のデータ（https://diamond.jp/articles/-/177641?page=2）を参照
注3：2023年のデータはWright Investors' Service, Incのデータ（https://www.corporateinformation.com/Top-100.aspx?topcase=b#/tophundred）を参照
注4：小数点以下は四捨五入

世界時価総額ランキングを見てみましょう（図表1）。

１９８９年の世界時価総額ランキングを見ると、トップ50のうち32社を日本企業が占めていました。しかし、２０２３年のランキングには日本企業の名前はありません。もっとも順位が高いトヨタ自動車でも、52位という順位だったのです。

一方、とくにランキングが上がっているのは、アメリカ（32社）と中国（5社）です。アメリカは「ＧＡＦＡＭ」に代表されるＩＴプラットフォーマーに加え、投資家のウォーレン・バフェット率いる米投資会社バークシャー・ハサウェイ（6位）、イーロン・マスクがＣＥＯを務める電気自動車テスラ（7位）など、著名な企業が並んでいます。

このように、時代は大きく変わってきています。

さらに現代は情報化社会のため、世界のトレンドやニーズがすぐに日本にも入ってくるようになりました。今後は、国内でも海外企業との競争が激化していくでしょう。

そのなかで生き残るためには、国内向けの企業であっても海外のニーズを知り、対応できるようにしておく必要があるのです。

本書が、そんな激動を生きる優良な日本企業のお役に立てましたら幸いです。

２０２４年5月

上嶋　悟

『単価も利益も客層も上がる！　中小企業のためのハイブランドマーケティング』目次

はじめに

第1章　日本企業にハイブランドマーケティングが必要な理由とは

第2章　マーケティングで自社ブランドの価値を高める

第3章　世界的に成功してきたラグジュアリーブランドの歴史から学ぶ

第4章 イメージ戦略によるブランディングが成功のカギを握る

第5章 「ブランドイメージ」を演出する方法

第9章　専門家とともにリブランディングを行う

第1章　日本企業にハイブランドマーケティングが必要な理由とは

1　高利益を維持する企業が繁栄する

●伸びている企業は「高くても売れる秘訣」を持っている

この世のすべての商品は模倣されています。

マーケティングでは、それを一般化（コモディティー化）と呼びます。

・一般化（コモディティー化）…市場投入時には「高付加価値の製品やサービス」と認識されていたモノが、市場が活性化し、他社が参入した結果、ユーザーにとって機能や品質面などで差がなくなってしまうこと

そして、一般化した場合、多くの企業は低価格競争を余儀なくされてしまうのです。

高品質にこだわってきた多くの日本企業に勢いがなくなってしまったのは、一般化が進む市場で利益が出せなくなってしまったことが原因です。

その一方、高額でも商品が売れている企業も存在します。

実際、海外のハイブランドは、高額商品を売り、高利益を維持してきたことで現在も繁栄を続けてきました。

そのほかにも、掃除機や扇風機を扱うダイソンは、商品としてはかなり高額ですが、世界的にシェアを拡大しています。Apple の iPhone も、現在はオプションつきで20万円を超える価格にまで値上がりしていますが、売れています。

このような企業の特徴は、「高くても売れる高利益体質の秘訣」をしっかり押さえていることです。

●薄利多売では利益が出せない

「高利益を維持する企業が繁栄する」というのは、コンサルタントとして起業する前、実際にわたしがいくつかの企業を渡り歩いて体感したことでもあります。

わたしは最初、大手ハウスメーカーの営業マンとして働き始めました。当時は年に3～5棟しか売れないダメ営業マンでしたが、給料もよくボーナスもしっかり年2回出ていました。

その後、ローコストハウスメーカーに引き抜かれると、年15棟ほど売る敏腕営業マンに変わりました。

「ダメ営業マンのときから比べ3～5倍売れるようになったから、さぞ給料もよくなるだろう」と期待して迎えたボーナス支給日。なんと、会社に利益がなく、ボーナスは出なかったのです…。

年15棟売るために、棟上げも地鎮祭も15回。打ち合わせも多かったために休みなく夜遅くまで働いていたので、この結果には愕然としました。

大手ハウスメーカーでは、年平均販売棟数が5棟程度でも利益が出ていました。

一方、ローコストハウスメーカーでは、年平均販売棟数12棟でも、決算では利益が出ていなかったのです。

わたしはこのときに、「ローコストは儲からない」ということを実感しました。

大手ハウスメーカーは利益率管理が厳しく、規定の利益を取らなければどんどん給料が下がるシステムでした。一定数の利益率がなければ手当もゼロになりますし、低利益率で契約することもできないようになっていました。

反対に、ローコストハウスメーカーでは、契約を取るために5％の値引きなどが比較的許可されやすくなっていました。おそらく中小企業ゆえに、経営や会計の仕組みを理解して利益率を管理する人がいなかったのでしょう。

でもこれは、多くの中小企業にとって、決して他人事ではないはずです。

高利益を維持する企業が繁栄するのは当たり前のことですが、その反対のことをしている企業は決して少なくないのです。

2　利益率の低い中小企業はどんどん衰退していく

●薄利多売ができるのは大手企業のみ！

先ほどのハウスメーカーの話には続きがあります。

住宅業界は、バブルや団塊ジュニアが結婚適齢期を迎えた際に着工棟数が増え、ローコストハウスメーカーを含む多くのメーカーが群雄割拠していました。

しかしそこから30年経った現在は、売上の上位を比較的坪単価の高い大手ハウスメーカーが独占しています。ローコストハウスメーカーは市場に出てきたときの瞬発力が高く、爆発的に売れますが、数年すると売れなくなり、名称やコンセプトを変えたり、倒産したりしています。

このことから、「利益率の高い企業ほど生き残り、利益率の低い企業は衰退する」という傾向がわかるでしょう。

そもそも、低い利益率でも利益を出せるのは大企業のみで、中小企業が大手のマネをして薄利多売をしても勝てません。中小企業ほど、高い利益率を取らないと経営が厳しくなっていくのです。日本企業は、「高品質なモノを安くつくること」は得意ですが、「値上げ」はあまり得意ではありません。

わたしは医療関係の企業にも勤めていた経験がありますが、その際取引していた外資系メーカー、ジョンソン・エンド・ジョンソン、ゲティンゲ、ストライカーは、商品開発力があり、とても高額でも機材が売れていました。

このように、海外メーカーは、商品開発も値上げも比較的上手なのです。

たとえばAppleは、世界時価総額ランキングも長らく高い順位を維持しています。

１９８９年の1位のＮＴＴは時価総額１６３９億ドルでしたが、２０２３年1位のAppleは

2324 2億ドルで10倍以上になっているのです。

これは、iPhoneの新機種が発売されるたびに、どんどん高額になっていることと無関係ではありません。

市場を拡大し、維持している企業ほど、高額商品を扱っているものなのです。

●日本で「値上げ上手」なのは、誰もが知るこの企業

日本の企業でも、値上げが上手なところもあります。

それは、ユニバーサルスタジオやディズニーランドです。

東京ドームシティアトラクションズ（旧称：後楽園ゆうえんち）は4800円（2024年現在の土日祝日料金）なのに対し、ユニバーサルスタジオやディズニーランドは1万円以上することもあります。

規模や大きさや内容は違えど、どちらもキャラクターがいる遊園地という同じカテゴリーです。

それにもかかわらず、価格差は2倍を超え、来場者は比較になりません。

ディズニーの入園料は、この30年間で約2・5倍になりましたが、経営は絶好調で、2024年3月期の連結営業利益は、前期比32％増の1467億円になる見通しだと発表されていました。

このことからも、企業経営において、高い利益率を維持したほうが、経営が安定するのは明白でしょう。

３　外資系企業が高利益率を維持する理由とは

●利益がなければ会社は存続できない

高い利益率で有名な企業は、リシュモンやケリングをはじめとするラグジュアリーブランドのＬＶＭＨですが、そのほかにもApple、マイクロソフト、Googleなども高い営業利益率を誇ります。たとえばAppleには、iPhone本体の値上げだけでなく、高収益にするためのさまざまな仕組みがあります。

（例）iPad

わたしがiPadを購入して、１年が過ぎた頃、プラグをつないでも充電ができなくなりました。修理に行くと「修理はできない」と言われ、３万円ほどで交換することを提案されました。日本メーカーなら接続不良部分だけを安い価格で修理しますが、Appleの場合は、すべて交換対応になるのです。当然、修理するより交換のほうが利益は出るでしょう。

また、Appleはアクセサリー類も高く設定されています。充電コードは当時６０００円しました。さらに、AppleにはＭＦｉ認証というシステムがあり「Apple社が定めている、性能基準を満たした製品」に与えられる基準を満たした認証品でないと、充電ができないこともあります。

そのほかにも、Apple MusicやiCloudのストレージサービスや、Apple Careという有料保証サービスで製品本体からも高い利益が取れるような仕組みをつくっています。

現在では、日本メーカーで有料保証を行う会社はごくわずかですから、これも海外メーカーの特徴でしょう。

このように、高利益を維持している外資系企業は、本体でも付属品でも利益を確保できるような商品展開をしているものなのです。

差別化要素のない商品の場合、一般化が進み、やがて価格競争に巻き込まれてしまいます。

しかし、価格を下げると、利益が減ります。そして利益が減ると、商品開発や宣伝広告費に回る費用がなくなり、競争力も下がり、業績は下降していくでしょう。

高い利益を維持するためには、Apple のように自社で自由に値段をつけられる商品を持つことが大切なのです。

4　高額設定で利益率を確保する

●MQ会計で利益率の重要性を確認する

なぜ、利益率が高いほうがよいのかという根拠は、MQ会計で考えればわかります。

MQ会計とは、ユニットエコノミクス（P：価格／V：変動費／M：マージン）と、全体の収益性（Q：数量／F：固定費を考慮する）とを分けて把握する、管理会計・意思決定会計手法です。

直感的にわかりやすく、かつ意思決定に直接活かすことができる管理会計手法として、西順一郎氏によって考案されました。

ここからは、レストランの1か月間のMQ会計を例に、ご紹介していきましょう。

【図表２　MQ会計の例（あるレストランのケース）】

（例）客単価：３０００円／人数：１０００人のお店の場合／売上３００万円のお店

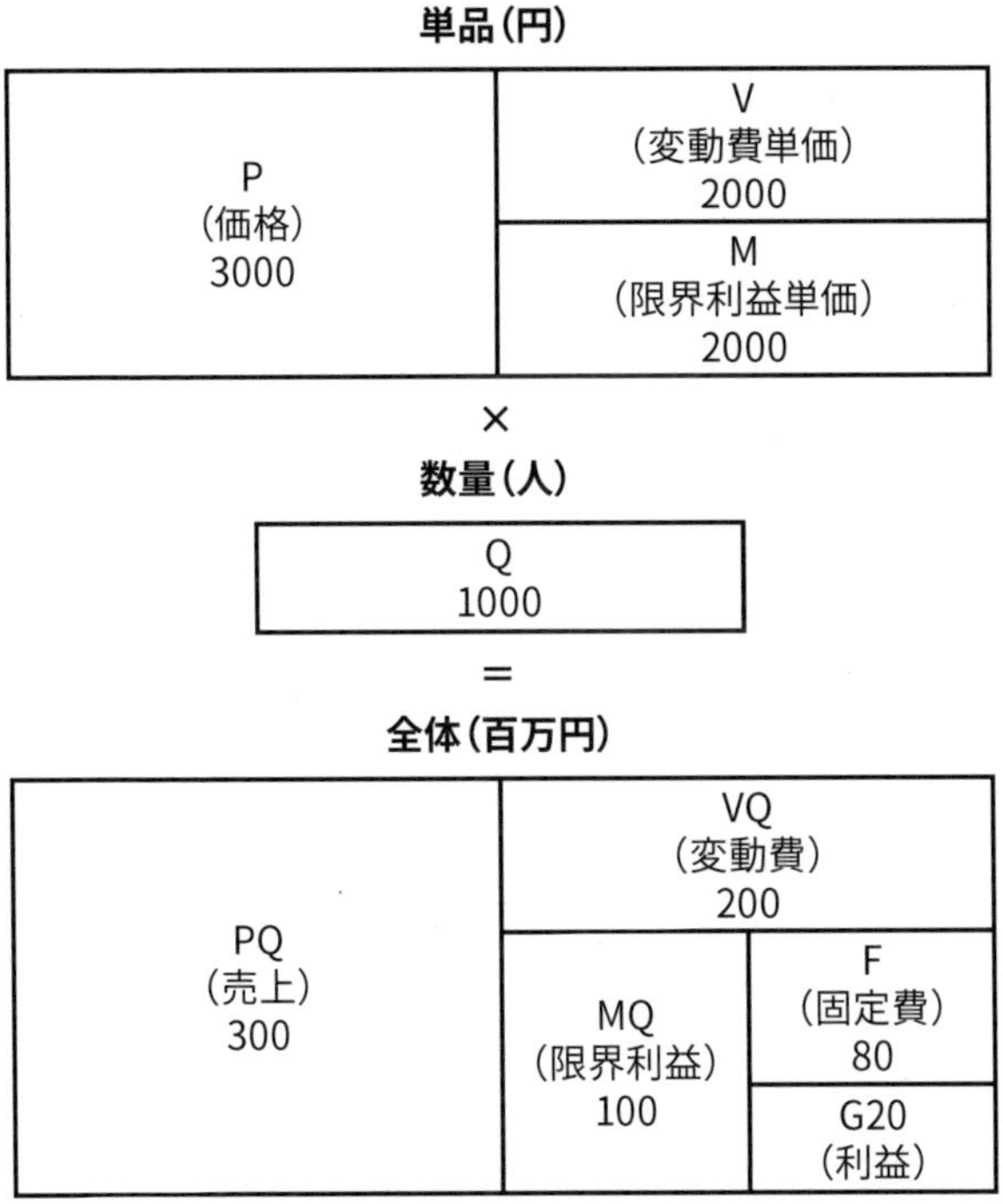

注：MQ会計は、（株）西研究所の登録商標

科学技術・学術政策局　産業連携・地域支援課　大学技術移転推進室『13.アイディアや事業をGrowth（成長）させるという観点から検討する：アカウンティング、ユニットエコノミクスの考え方の活用』をもとに作成

【MQ会計表に書かれている要素について】

・要素P：価格　　　　（プライス）……客1人当たりの価格
・要素V：変動費単価（バリアブル・コスト）……料理をつくるための材料費などの変動費（バリアブル・コスト）
・要素Q：数量　　　　（クォンティティ）……客数
・要素F：固定費　　（フィックスド・コスト）……人件費、家賃、水道光熱費などの固定費
・要素G：利益　　　　（ゲイン）……当月の利益

先ほどの図表2からは、次のことがわかります。

・客単価（3000円）×人数（1000人）＝売上（300万円）
・1か月の利益20万円

このままであれば、経営に問題はありません。

もし、このレストランにライバル店が出現し、お客様の来店が1割減ると、MQ会計表は図表3のように変わります。

利益が10万円と、ギリギリ黒字であることがわかるでしょう。

【図表３　MQ 会計の例（あるレストランのケース・お客様の来店が１割減った場合）】

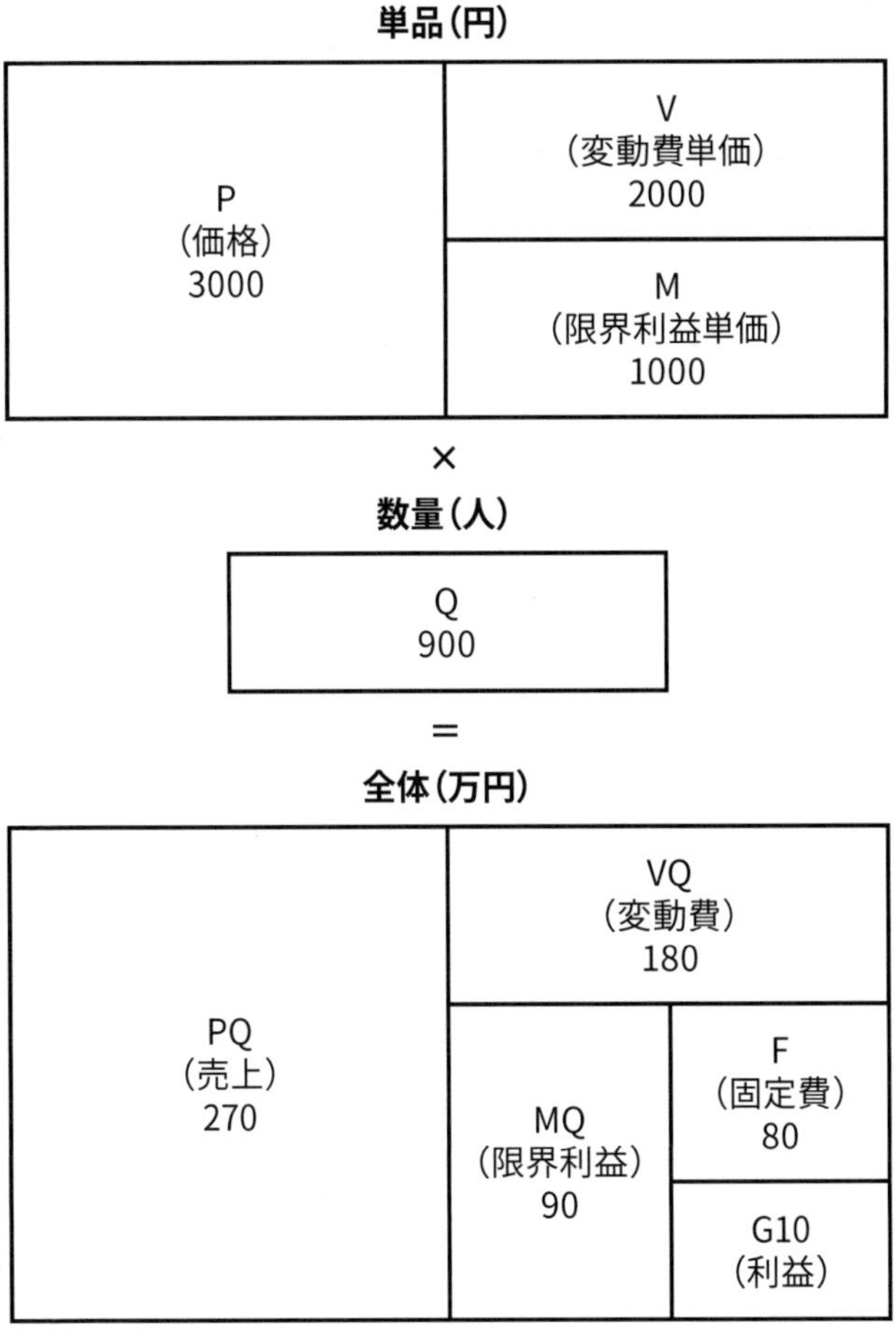

科学技術・学術政策局　産業連携・地域支援課　大学技術移転推進室『13.アイディアや事業をGrowth（成長）させるという観点から検討する：アカウンティング、ユニットエコノミクスの考え方の活用』をもとに作成

一方、ライバル店にお客様が行かないよう価格を１割下げるとどうなるでしょうか。

人数をもともとの１０００人のまま計算すると、結果は次のようになります（図表４）。

【図表4　MQ会計の例（あるレストランのケース・人数は変わらず価格を1割下げる場合）】

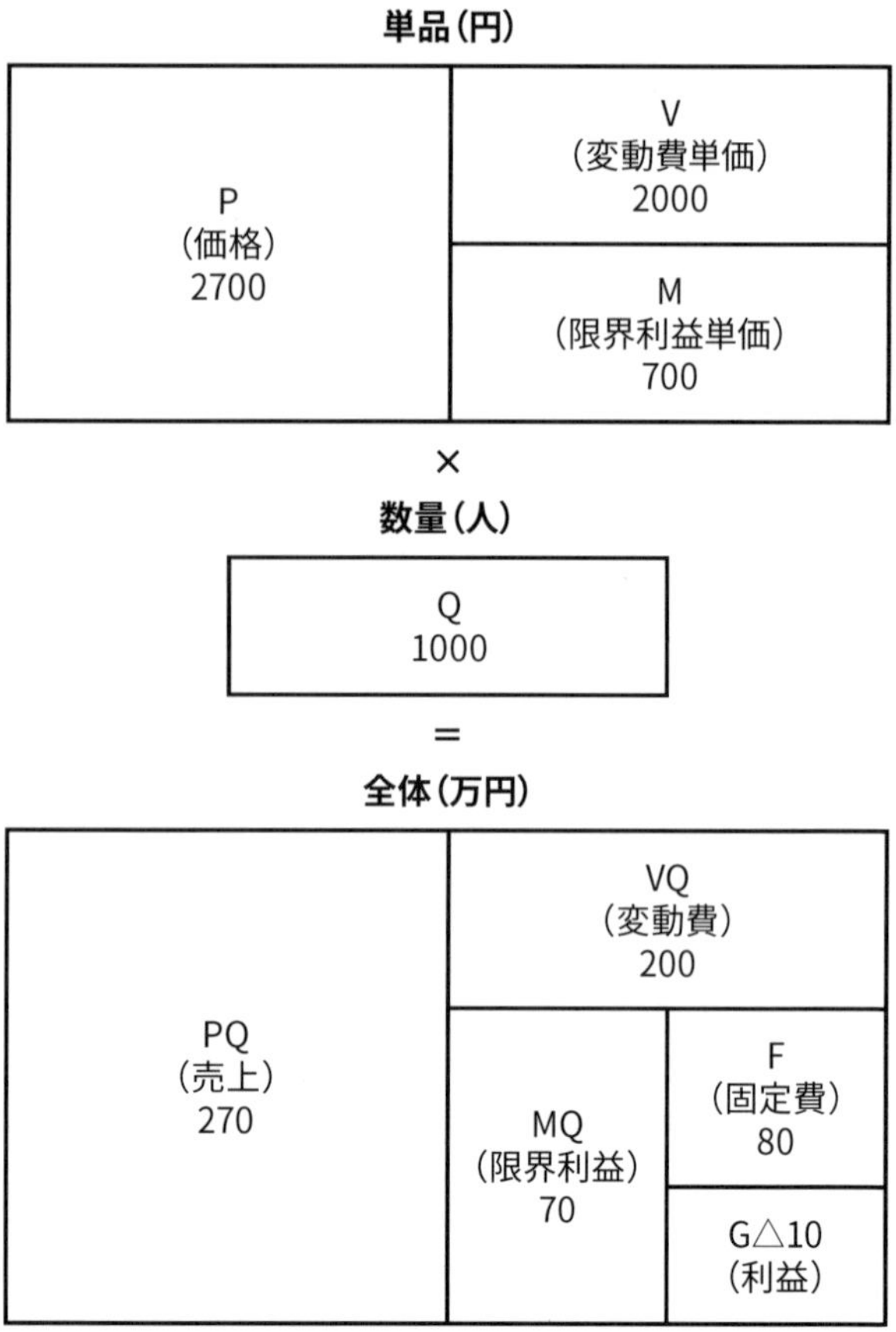

科学技術・学術政策局　産業連携・地域支援課　大学技術移転推進室『13.アイディアや事業をGrowth（成長）させるという観点から検討する：アカウンティング、ユニットエコノミクスの考え方の活用』をもとに作成

結果は、10万円の赤字になってしまいました。

このことから、お客様が1割減るよりも価格を1割下げることのほうが、より深刻な経営悪化を招くことがわかります。

また、ＭＱ会計表で計算すると、利益を１割下げた状態で売上３００万円を維持するには、客数を１１４３人まで増やす必要があることがわかります（図表５）。

【図表５　MQ 会計の例（あるレストランのケース・利益を１割下げた状態で売上３００万円を維持する場合）】

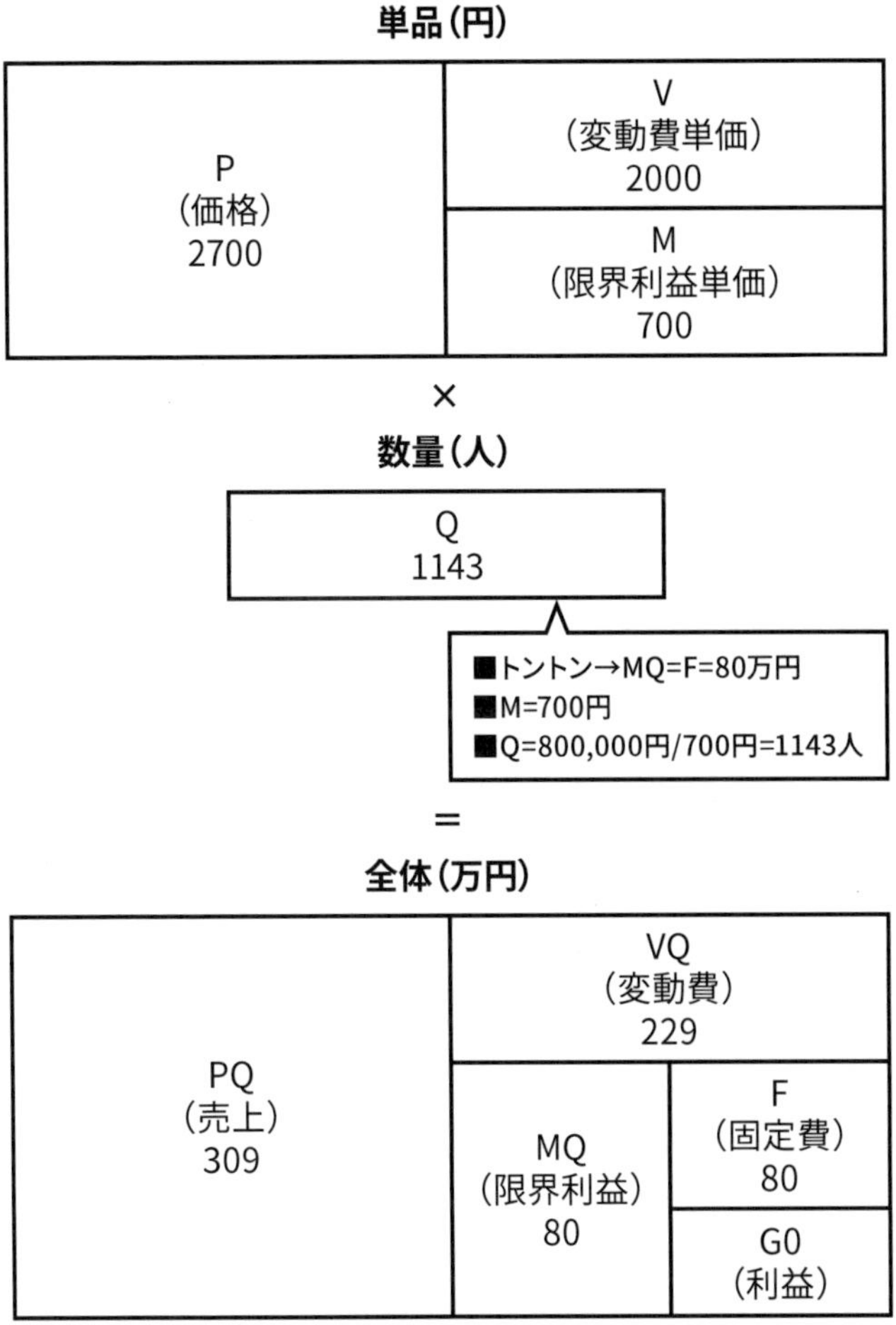

科学技術・学術政策局　産業連携・地域支援課　大学技術移転推進室『13.アイディアや事業をGrowth（成長）させるという観点から検討する：アカウンティング、ユニットエコノミクスの考え方の活用』をもとに作成

ライバルがいるなかで、客数を100人以上増やすことは非常に困難です。MQ会計を見ると、価格を下げず、上げることの重要性がわかるのではないでしょうか。

5　MQ会計を応用し、利益への影響を見極める

●利益感度の高い要素は、「売価」

MQ会計では、4つの損益分岐点を計算することができます。

それは、売価・数量・原価・固定費の4つです。次のように算出してみましょう。

【売価・数量・原価・固定費の算出】

- ・損益分岐P（売価）　P　＝（VQ＋F）／Q
- ・損益分岐Q（数量）　Q　＝F／（P－V）
- ・損益分岐V（原価）　V　＝（PQ－F）／Q
- ・損益分岐F（固定費）　F　＝PQ－VQ

先ほどのレストランの例で利益感度分析を行うと、売価（P）の利益感度が一番高いことがわかります（図表6）。

多くの日本企業は価格を上げることを苦手としていますが、この表を見れば、価格を上げないことがいかに危険かわかります。

薄利多売をしても、中小企業は大手企業に敵わないので、いつか潰れてしまいます。

経営を安定させるためには、利益感度のよい価格から改善していきましょう。

【図表６　利益感度分析（要素と利益感度の関係）】

利益感度が一番高いのはP

順位	要素	当初	損益分岐するレベル	利益感度
1	売価P	@3000円	@2800円	↓ 6.7%
2	原価V	@2000円	@2200円	↑ 10%
3	数量Q	1000人	800人	↓ 20%
4	固定費F	80万円	100万円	↑ 25%

科学技術・学術政策局　産業連携・地域支援課　大学技術移転推進室『13.アイディアや事業をGrowth（成長）させるという観点から検討する：アカウンティング、ユニットエコノミクスの考え方の活用』をもとに作成

次に、コスト構造による違いがあるかどうかも確認しましょう（図表7）。

【図表7　コスト構造による違い】

Ｔｙｐｅ　Ａ：（固定費が高いタイプ）
Ｔｙｐｅ　Ｂ：（バランスタイプ）
Ｔｙｐｅ　Ｃ：（固定費が低いタイプ）

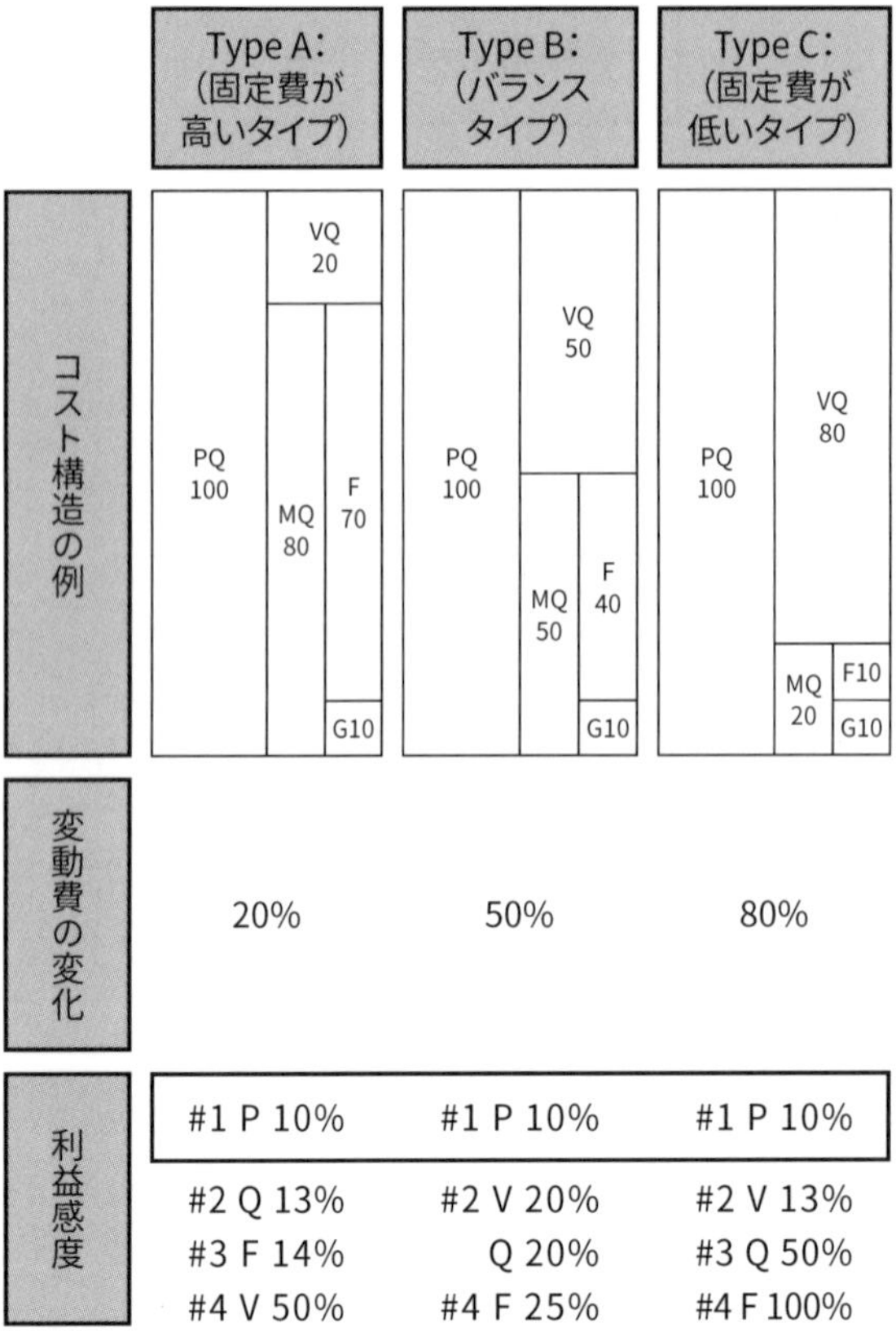

	Type A:（固定費が高いタイプ）	Type B:（バランスタイプ）	Type C:（固定費が低いタイプ）
コスト構造の例	VQ 20 / PQ 100 / MQ 80 / F 70 / G10	VQ 50 / PQ 100 / MQ 50 / F 40 / G10	VQ 80 / PQ 100 / MQ 20 / F10 / G10
変動費の変化	20%	50%	80%
利益感度	#1 P 10%　#2 Q 13%　#3 F 14%　#4 V 50%	#1 P 10%　#2 V 20%　Q 20%　#4 F 25%	#1 P 10%　#2 V 13%　#3 Q 50%　#4 F 100%

科学技術・学術政策局　産業連携・地域支援課　大学技術移転推進室『13.アイディアや事業をGrowth（成長）させるという観点から検討する：アカウンティング、ユニットエコノミクスの考え方の活用』をもとに作成

利益感度を比較すると、コスト構造にかかわらず、売価（P）の感度がもっとも高い点が共通していることがわかります。

つまり、どの業界であっても、もっとも利益に影響を与えている要素は価格なのです。

東証一部上場企業の平均値から、売価・数量・原価・固定費それぞれを、１％だけ改善し、営業利益が何％改善するのかを算出したところ、図表８のような結果となりました。

【図表８　営業利益の改善率】

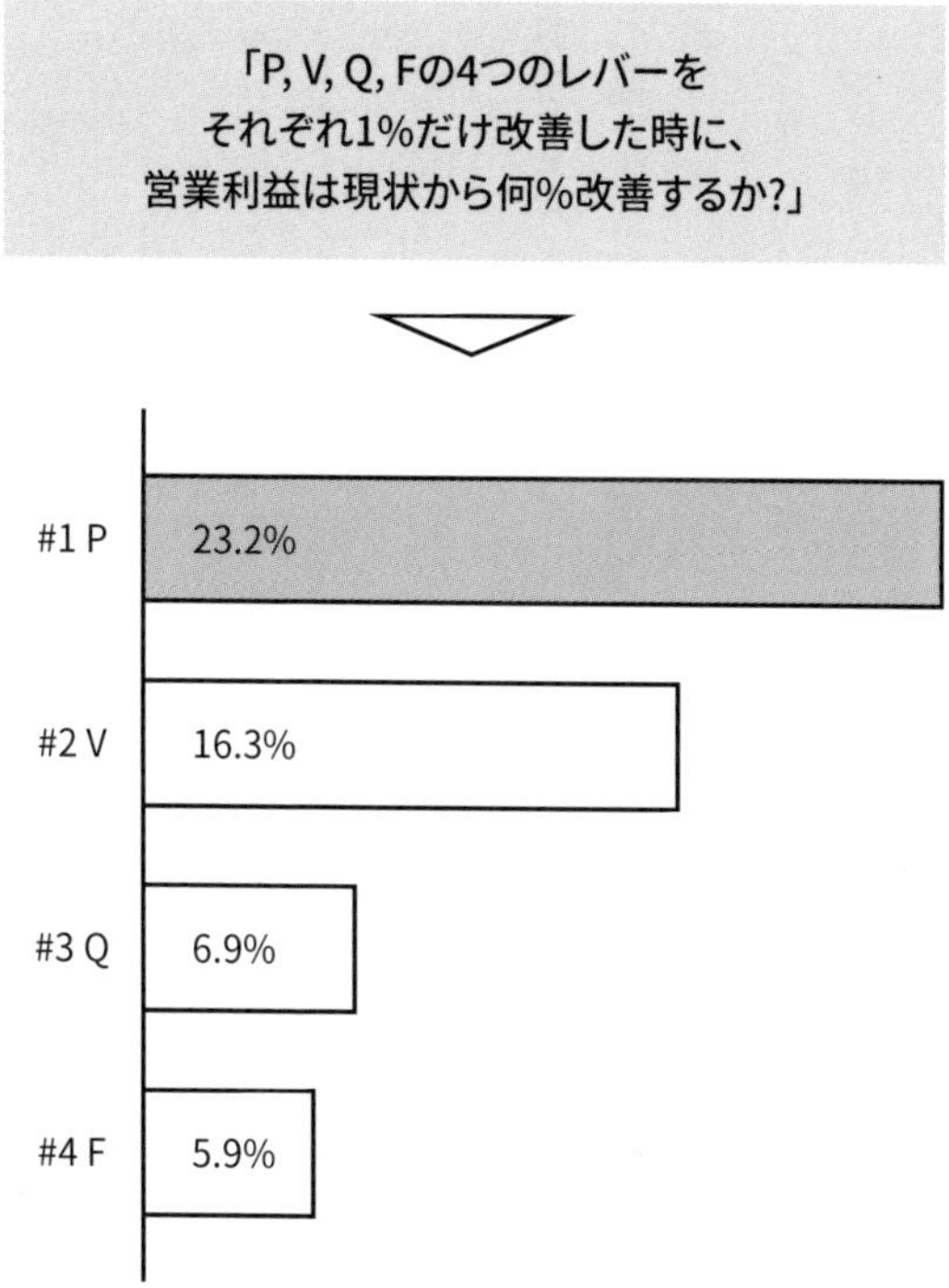

出典："McKinsey Pricing"

ここから、東証一部上場企業の平均値では、価格1％の改善が営業利益の23％改善につながるという結果がわかります。

日本では、金額を上げることに抵抗を感じる企業は多いのですが、MQ会計から考えると、経営利益を上げ、会社を安定させるためには、やはり「売価」を上げることが一番効果的といえるでしょう。

●利益でもっとも重視するべきは「売価」

もちろん、業態の違いによって営業利益の改善度合いは異なります。

それは、業態によって変動費と固定費が大きく異なるからです。

(1) 変動費の少ない業態（サービス業など）

変動費の少ないコンサルティング・水商売などは、Q（数量）の改善が比較的よく効きます。

(2) 変動費の多い業態（小売業など）

変動費の多い小売業などは、V（変動費）の改善が比較的効果を見込めるでしょう。

(3) 変動費と固定費のバランスのとれた業態（製造業）

変動費と固定費のバランスのとれた業態は、Q（数量）とV（変動費）の改善が同じくらい効果を発揮します。

そして、そのすべての業態で、営業利益の改善には価格の変更がもっとも効果的であることが共通しているのです。

もちろん、値段を上げれば販売量が減ることも想定されますし、それぞれの業界の特性もあるので一概にはいえません。

ただ、わたしがローコストハウスメーカー時代、５％の値引きで販売していたことは、会社経営的には致命傷だったことは間違いありません。

日本企業の多くは、利益を上げようと思ったときに、たくさん売ること（数量Q）も、原価Vを下げることも、固定費Fを下げることも大好きで積極的に行っていますが、唯一、売価Pを上げることは苦手です。

利益を増やすことだけを考えて、固定費を25％下げることは難しいですし、原価10％を下げることも、数量を20％上げることも簡単ではありません。

でも、売価を６・７％上げることは、できそうだと思いませんか？

１００円の商品なら、約7円上げるだけですし、付属品やオプションをつけて価格を見直してもいいでしょう。

MQ会計を活用して、数字から経営を見ると、値下げをするリスクの高さがよくわかるでしょう。会計がわかるようになると、ビジネスは大きく変わるはずです。

6　飲食業界は低単価なジャンルほど廃業率が高い

●そもそも、飲食業界は本当に廃業率が高いのか

「価格競争が厳しい業界」を聞かれたら、どの業界をイメージしますか？
多くの人が、飲食業界を思い浮かべると思いますが、実際のところはどうなのでしょうか。

〔法人の廃業率〕

1年後の廃業率（27％）＝生存率（73％）
5年後の廃業率（58％）＝生存率（42％）
10年後の廃業率（74％）＝生存率（26％）

これは国が調査したデータをもとにしていますが、「個人事業主」は含まれていません。自営業で「飲食店」「整体院」「美容院」などを運営している人たちは含まれていないため、この廃業率はそれ以外の業種の平均と取ったほうがよいでしょう。

【飲食業界の廃業率】

1年後の廃業率（30％）＝生存率（70％）
2年後の廃業率（50％）＝生存率（50％）
5年後の廃業率（60％）＝生存率（40％）
10年後の廃業率（95％）＝生存率（5％）

このデータは各調査団体のデータをもとに作成された結果です（「飲食店ドットコム」参考）。1つの目安として、先ほどの「法人の廃業率」を比較すると、世間でいわれているイメージよりも、あまり差がないことがわかります。

では、なぜ「飲食店は廃業が多い」と言われているのでしょうか？

●飲食店もジャンルによって廃業率が変わる

身近なお店を思い浮かべていただくと、飲食店のなかでもとくにラーメン屋は入れ替わりが激しいイメージがありませんか？

ある統計によると、廃業率の高さは次のような順になるそうです（図表9）。

【図表9　飲食店の廃業率】

高	●ラーメン ●カフェ
中	●鉄板焼き/お好み焼き ●焼肉
低	●寿司 ●フランス料理

また、ラーメン屋とフランス料理店では、1年以内に廃業してしまう率が4倍も違うというデータもあるそうです。

この結果を会計目線で見ると、廃業率の高いラーメンとカフェは単価が低く、廃業率の低いフランス料理と寿司は比較的単価が高いジャンルだとわかります。

つまり、飲食業界のなかでもとくに廃業率の高いジャンルは、競合店舗が多く、低価格競争を強いられて薄利多売をしている状態なのです。

これは、「安定して経営を継続するためには、単価を上げ、利益を出す必要がある」という最たる例でしょう。

7　企業の一番の仕事は「商品を売ること」

●「売ること」に適切に注力すれば売上は上がる

売上が伸び悩んでいる会社の一番の原因は、販売力が低いことです。

わたしは、コンサルタントとして起業しましたが、地方都市でいきなり起業したため、準備期間もありませんでした。

何からやればいいのかわからず困ったわたしは、Amazonでコンサルタントになるための本を大量に購入しました。そして、そのなかに驚くべき内容が書かれていたのです。それは、

「コンサルタントの８割が売れなくて困っている。だから、コンサルタントの一番の仕事は売ることです」

という内容でした。そこで、わたしは「売ること」に注力して、事業を軌道に乗せていったのです。

実際にコンサルタント業を始めてわかったのは、売上が下がる会社は、販売に力を入れていないという事実です。

販売に力を入れなければ売れないのは当たり前、反対に販売を強化すれば売れるのも当然です。

でも、なかには、販売に力を入れているのに結果が出ないという会社もあります。

その場合は、時代にあった販売戦略ができているかを見直しましょう。

【図表10　売ることに注力する】

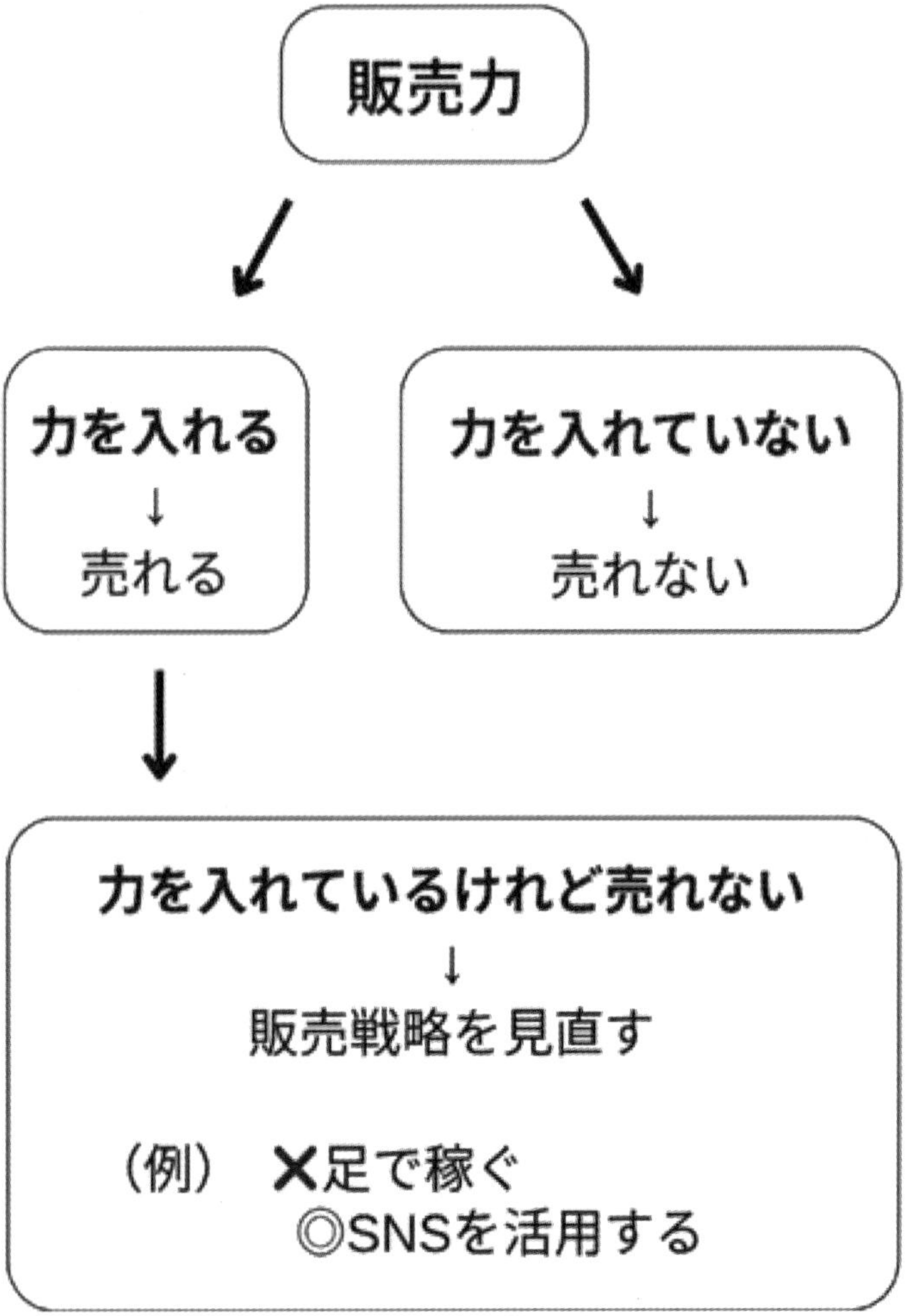

たとえば、先ほど例にあげたハウスメーカーの場合。30年前は営業マンの能力に頼り「足で稼げ」という風潮でしたが、わたしはその当時からブログを書いて集客するという手法でほかの営業マンより多くの契約を取得していました。

しかし、現在もＳＮＳなどを活用しているハウスメーカーは多くありません…。

あなたの会社、業界はいかがでしょうか？

ぜひ、販売の方法や価格を見直してみましょう（図表10）。

●売れる企業に人もモノも集まってくる

日本企業は、いいモノを安く国内市場に売り、さらにメイドインジャパンとして、海外にも進出していきました。

しかし、現代はモノが溢れ、「質が高い安いモノ」は売れなくなっています。

「うちのほうが品質はいいモノなのに、なぜほかの商品のほうが売れているのか…」となげく経営者は、「売れるモノがいいモノ」なのだと、意識を切り替えていきましょう。

倒産している会社の、一番の原因は販売不振です。モノが販売できず会社を畳むことになってしまうのです。

反対に、モノが売れる企業には、さらに人もモノも集まってきます。

ですから、まずは、販売に力を入れていきましょう。

第１章　まとめ

- □ 安定して経営を継続するために、「高利益」を心がけよう
- □ 利益感度が一番高いのは「売価」！
- □ 廃業率が高い業界・業種には、「単価が安い」という共通点がある
- □ MQ会計を使って、高単価商品の必要性を見直そう
- □ お客様が１割減るより、単価を１割下げるほうが赤字の原因になる
- □ モノが売れると、人も、モノも集まる

第2章　マーケティングで自社ブランドの価値を高める

1　マーケティングの2大要素を学ぶ

●リストマーケティングで売上をつくる

ビジネスで、一番労力とコストがかかるのが「集客」です。

そのため、多くの企業が集客を安定させるために、莫大な広告費をかけています。

マーケティングや集客の方法はたくさんありますが、安定したビジネスに必要なマーケティングの2大要素は、時代が変わっても業界が変わっても、あまり変化していません。

その重要な2大要素とは、「リストマーケティング」と「ツーステップマーケティング」です。

「リストマーケティング」とは、新規顧客や見込み顧客のリストを使用してセールスを行う方法です。新規顧客や見込み顧客のリスト情報を使った、電話やメルマガ配信などが挙げられます。

そのほか、わたしがはじめて入社したハウスメーカーは、モデルハウスを880万円で販売する抽選会を行い、たくさんの応募者を集めていました。そうして集めたリストをもとに特別価格で住宅を販売するという手法を使い、20年連続、長野県でシェア1位を誇っていたのです。

そのほか、AppleもAmazonも購入の際には、メールアドレスの登録が必須になっています。そのため、メールアドレスを活用した、音楽配信、ストレージサービス、保険など、次から次へとセールス・宣伝が可能になるのです。

楽天などのＥＣモールの場合、出店者は楽天が大量保有するリストの恩恵を受けられますが、楽天側も、出店者に紐づくリストが手に入る仕組みになっています。

ベンツでは、ゲレンデという人気車種の限定カラーを数量限定で販売し、抽選にして顧客リストを収集していました。

江戸時代の呉服屋さんは、火事の際、高価な着物ではなく、大福帳という顧客リストと購入履歴を持って逃げたといわれています。

火事ではお客様の着物も燃えてしまっているため、鎮火したあと、大福帳のリストをもとに販売すれば儲かるという仕組みです。

時代が変わっても、リストマーケティングの手法は同じなのです。

●2割の優良顧客が企業の売上の8割をつくっている

また、ラグジュアリーブランドや百貨店の外商はリストマーケティングを応用し、優良客に対して「ファンマーケティング」を行っています。

ラグジュアリーブランドや百貨店では、ある一定の金額以上の購入をするお客様を優良客として、特別に扱います。百貨店には伝統的に外商部という専門部門があり、主に高額商品を購入する法人顧客や個人顧客向けにサービスを提供しているのですが、企業や個人顧客のもとに出向いて販売するため、外売（ソトウリ）ともいわれています。

先日、ある方のファッションコンサルに付き添った際、一店舗で100万円を超えるお買い物をすると、すぐさま店員が特別な会員カードを提示してきました。

たった2割の優良顧客が売上の8割を占めている業界もあるほど、リストマーケティングは企業にとって重要なものなのです。

●ツーステップマーケティングで一般層を獲得する

あなたも、自分が買い物をする際に、「お試し品」や「お試し価格」で試してみてから、気に入ったモノを再度購入する…という経験はないでしょうか。

(例) お試し品・お試し価格

- 化粧品コーナーでサンプル商品を試してから商品を購入する
- デパートで試食をしてから食品を購入する
- 通販で無料のお試しセットを取り寄せて試してから商品を購入する

このように、何かのサービスを販売する際は、一度その商品をお試ししてもらうことで本命商品が売れやすくなります。これを「ツーステップマーケティング」といいます。

ツーステップマーケティングは、一般層でも有効なのでよく使われているところを目にする機会があるでしょう。リストマーケティングと並んで、重要な手法です。

このマーケティングの2大要素は、マーケティングの大前提として、しっかり活用していきましょう。

●ハイブランディングモデルからマーケティング手法を学ぶ

ハイブランドでは、ほかにも独自のマーケティング手法があります。

たとえば、ベンツは車検のときにグレードの高い新車を貸し出すのですが、乗っているとほしくなるので新車販売につながります。

AppleもAppleミュージックでは、無料お試しサービスがありますし、ストレージサービスも無料お試し期間があります。

オンラインゲームも、購入しなくても遊ぶことができます。最近では、ミュージシャンのプロモーションビデオもYouTubeで視聴できるようになりました。

第7章で紹介するグレイトフル・デッドも、コンサートで録音を許可して無料提供しています。

また、福澤諭吉は、『学問のすゝめ』（岩波書店）という本を書きました。

内容は、身分差別が終わったとはいえ、農業が中心の日本では、農地を持たなければ、小作人になるしかありません。その時代に、学問を身につければ、よりよい人生や国家になるということが書かれた本です。福澤諭吉は、慶応大学をつくった人でもあります。

『学問のすゝめ』を読んだ人が慶応大学に進むこともあるでしょう。

大学は、入試の費用も入学金もありますし、4年間の学費もあるので、継続的で安定的なビジネスをつくりやすいといえます。

つまり、リストマーケティングもツーステップマーケティングも、マーケティングの根幹をなすもので、古今東西有効です。

この2つを行っている企業の販売は安定しています。

あなたの会社は、この仕組みを取り入れていますか？

2　ホームページ上からマーケティング戦略を考える

●時代は「モノ消費」から「トキ消費」へ変わってきた

モノが豊かになるにつれて、お客様が重要視するものが変わってきています。

ビジネスでは、その時代の変化を踏まえながら、流れに合わせた提案ができるように対策を立てていきましょう。

(1)　モノ消費

モノ消費は、従来の消費行動であり、物理的な商品や製品に対する消費を指します。衣服、電化製品、家具、食料品など、目に見える形で所有できるアイテムの購入がモノ消費に該当します。モノ消費は、所有する喜びや、物質的な豊かさを追求する消費行動と関連が深いのです。ただし、サステナビリティや環境への意識の高まりにともない、質の高い商品や長く使える商品への需要が増えています。

(2)　コト消費

コト消費は、「体験」に焦点を当てた消費行動を指します。物質的な商品を購入するのではなく、旅行、コンサート、レストランでの食事、スポーツイベントなどの体験や活動にお金を使います。

コト消費の場合、お客様は物質的な所有物よりも、記憶に残る体験やその瞬間に生じる喜びや満足を重視する傾向があります。また、コト消費はＳＮＳの普及により、とくに若年層の間で人気があり、共有価値やコミュニティー感を重視するのも特徴です。

(3)　ヒト消費

ヒト消費は、人間関係や人とのつながりに投資する消費行動を指します。これには、友人や家族との時間を大切にするための活動や、ネットワーキングイベントへの参加、ＳＮＳを通じた人とのつながりの強化などが含まれています。ヒト消費は、人との関係性やコミュニティーの一員である感覚を重視し、「孤独感の解消」や「社会的に属する感じ」を高めることに焦点を当てているのです。

(4)　トキ消費

最後に、トキ消費は「時間」に対する消費行動を指します。これは、時間をより効率的に使うためのサービスや、商品に投資することを意味します。たとえば、家事代行サービス、フードデリバリーサービス、オンライン学習プラットフォームへの登録などです。

トキ消費は、忙しい現代人が時間の制約から解放され、自分自身の成長や趣味、家族や友人との時間に、より多くの時間を割けるようにすることを目的としています。

多くの会社のホームページやカタログは、品質やクオリティー訴求が多いのが現状です。自社の商品に自信を持っているから当然ですし、農業国であった日本は品質を高めるのが得意なことも関係しているでしょう。

しかし、モノや情報が溢れる現代になると、品質やクオリティーでは差別化は難しくなります。また、品質がよいという訴求をしていると、品質を求める人が集まります。また、品質のよいモノを求めると、

「安くて、よい品質のモノを手に入れたい」

という心理が働くため、単価が下がる傾向も出てきてしまうのです。

そこでわたしは、キャッチコピーで商品のことを語らず、コトやヒトの訴求に変えます。すると、当たり前ですが、モノで選ぶのではなく、ヒトで選ぶようになります。意識が、「何を買うのか」ではなく、

「誰から買うのか?」

に変わるのです。モノがたくさんあるとどれを選んでよいのかわからなくなるため、人は信頼できる人の評価で選ぶ傾向にあります。このように、人の購買心理を上手に扱っていきましょう。

【図表11　消費の具体例】

モノ	無添加自然素材を使ったデザインセンスのよい美しい木の家 圧倒的高性能で低価格な安心できる家 高気密・高断熱の高性能な家 「質にこだわる暮らしを。1つひとつが特別な、あなたのための家」 「細部に宿る美しさ。手に触れるたびに感じる、上質な住まい」 「耐久性と美しさを兼ね備えた家。世代を超えて受け継がれる価値を」 「こだわりを形に。最高の材料で創る、夢の住まい」 「技術とデザインの融合。毎日を豊かにする、機能美あふれる住空間」
コト	笑顔が集まる大好きな場所 お気に入りに囲まれて暮らす 家族と過ごすかけがえのない時間 家造りは幸せづくり 「家を超える体験を。毎日がもっと輝く、ライフスタイルの提案」 「あなたの暮らしに、特別なストーリーを。1つひとつの瞬間を、豊かに」 「新しい生活を創造する。あなただけの物語が始まる場所」 「思い出を刻む家。家族の歴史を紡ぐ、一生の体験を」 「日常に彩りを加える住まい。毎日がもっと特別な体験に」
ヒト	家を建てる、つながりを深める。大切な人との時間を、もっと豊かに心をつなぐ空間。家族の笑顔が溢れる住まいを一緒にいる時間を、もっと特別に。愛する人と過ごす、幸せな瞬間のために人生を共にする家。大切な人との絆を深める、あなただけの空間を創ります
トキ	築くのは家だけじゃない。あなたのための、豊かな時間を。 快適な家で、もっと自由な時間を 「時間を彩る住まい。毎日がもっと特別に感じる空間で」 「あなたの時間に、贅沢な一ページを。快適な家で過ごす、穏やかな時間」 「時を超えて愛される家。世代を経ても色褪せない、価値ある瞬間を」 「忙しい日々に、ほっと一息の時間を。あなただけの癒しの空間から」 「家族の時間を大切に。共に過ごす瞬間をもっと豊かにする住まいを」

【図表 12　消費の訴求ワードとそれに集まる人】

	訴求ワード	集まる人	単価
モノ消費	高品質 品質第一	高品質を 安く欲しい 人コスパ重視 細かい人	安い
コト消費	豊かな時間	豊かな 暮らしが欲しい	高い
トキ消費	一緒につくろう 参加・体験しよう	時や場所を 共有したい仲間	高い
ヒト消費	パートナーです	信頼できる パートナーが 欲しい人 人重視	更に高い

3　ゴールデンサークル理論とは

●ゴールデンサークル理論に沿って共感を得る

ヒトを全面に出す訴求をするために、多くの企業が「想い」や「価値観」を打ち出す表現を多用するようになりました。想いを訴求するためには、サイモン・シネックのゴールデンサークル理論を使い、表現するのがおすすめです。

ゴールデンサークル理論とは、具体的にどういった理論なのでしょうか？

サイモン・シネックによると、優れたリーダーや組織には、一般の人のやり方とはまったく異なる共通の思考方法・行動パターンがあるといいます。

それを示したのが、「Ｗｈｙ：なぜ」「Ｈｏｗ：どうやって」「Ｗｈａｔ：何を」のゴールデンサークルです（図表13）。

サークルのなかから外側へ向かって伝えると、共感を生み、アクションにつながるとしています。また、「Ｗｈｙ」から伝えることで、商品やサービスに込めた想いが伝わり、相手に印象を残しやすくなるため、ブランディングにもとても有効な手法です。

マーケティングに活用するために、商品やサービスの特徴を「Ｗｈｙ」「Ｈｏｗ」「Ｗｈａｔ」に当てはめて説明できるようにしていきましょう。

【図表 13　ゴールデンサークル理論】

「Ｗｈｙ なぜ」→「Ｈｏｗどうやって」→「Ｗｈａｔ 何を」

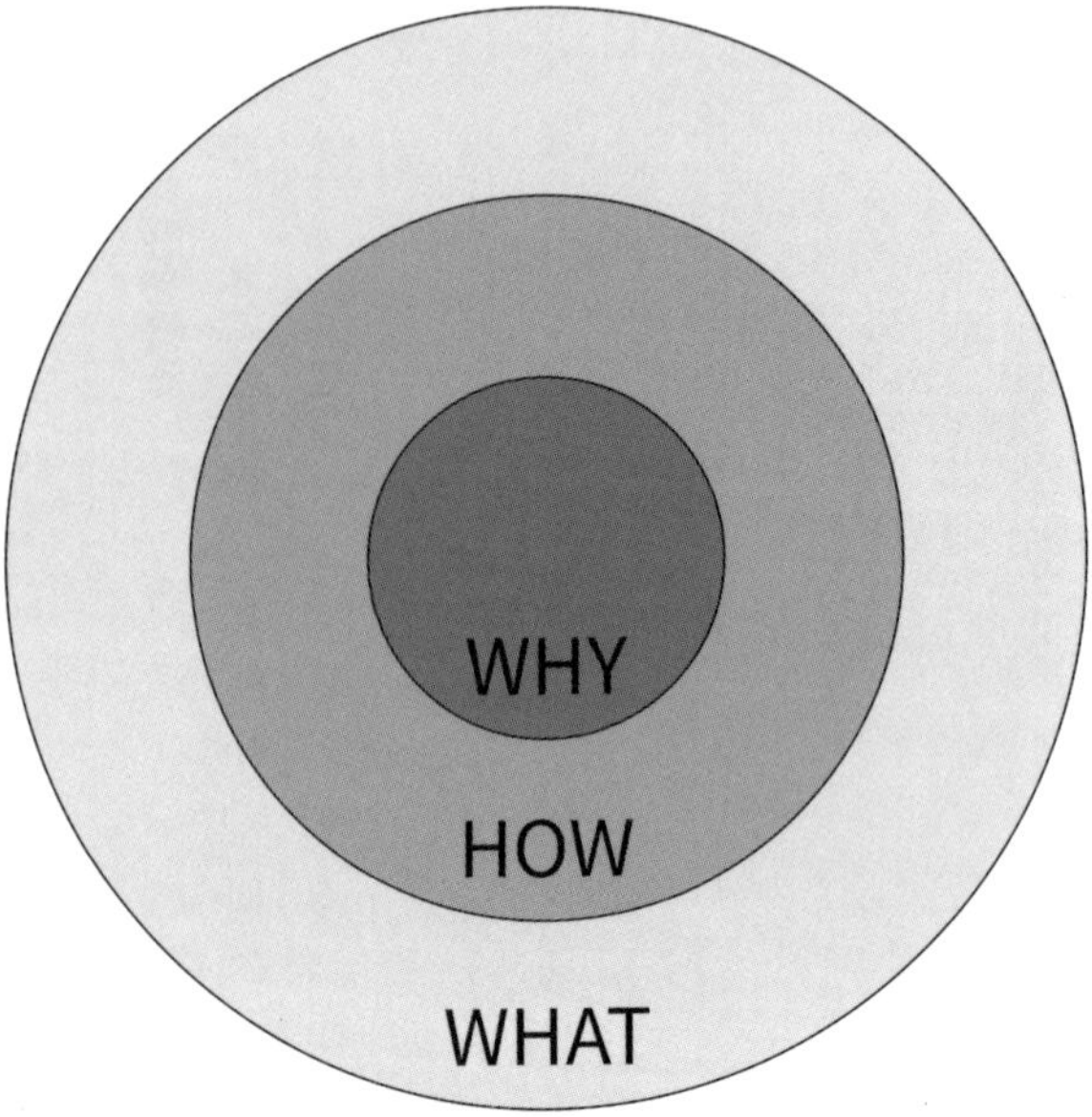

The 'golden circle' from Simon Sinek

●ゴールデン・サークル理論からイメージをつかむ

ゴールデンサークル理論のポイントは、人は「何か」ではなく「なぜ」で動くということです。人が意思決定を行うとき、最終的に重要になるのは感情や直感的な感覚だというのが、サイモン・シネックの考え方です。

どんな人でも、自分が「Ｗｈａｔ 何を」「Ｈｏｗ どうやって」するのかは理解しています。しかし、自分や企業の信念に当たる部分、「Ｗｈｙ なぜ」やるのかを理解している人は少ないものです。「なぜやるのか」について、それは利益を得るためという人もいるでしょう。しかし、サイモン・シネックは、利益は「なぜ」の答えではなく、単に「結果」に過ぎないといいます。多くの人や企業は、「Ｗｈａｔ」「Ｈｏｗ」の部分を主張しがちで、ゴールデンサークルの外側から伝え、中心の「Ｗｈｙ なぜ」を伝えていないのです。

●「Ｗｈｙ なぜ」から始めよう

Apple を例に説明していきましょう。

よくあるケースはＷｈａｔから始めますが、成功しているケースはＷｈｙから始めています。

・よくあるケース

円の外側から、「Ｗｈａｔ↓Ｈｏｗ↓Ｗｈｙ」という順番でスタートします。

【What→How→Why：よくあるケース】

What：すばらしいスペックのコンピューターが誕生しました。いかがでしょうか。
⬇How：美しいデザインで簡単に使え、ユーザーフレンドリーな製品です。
⬇Why

・Appleのケース

円の内側から、「Why→How→What」という順番でスタートします。

【Why→How→What：Appleのケース】

Why　：わたしたちのすることは、すべて世界を変えるという信念で行っています。違う考え方に価値があると信じています。
⬇How　：わたしたちが世界を変える手段は美しくデザインされ、簡単に使え、親しみやすい製品です。
⬇What：こうしてすばらしいコンピュータが誕生しました。

情報を伝える順番を逆にすることで、伝わり方がグッと変わります。人がアクションを起こすのは「何を」ではなく、「なぜ」のストーリーの部分が重要なのです。

自己紹介や、商品やサービスの説明に「なぜ」から書き始めると、想いを伝える商品紹介ができるようになります。この表現方法を使ったネットマーケティングによって、平均受注単価も上がり、わたしが関わったエクステリア会社の場合、2倍に上がりました。

4　国内マーケットに目を向けるか、最初から海外マーケットに目を向けるのか

●日本は最初に国内市場だけで戦略を考えてしまいがち

日本は、国土が狭い割に人口が多かったため、企業が国内消費だけでも成立します。また、商品が少なく、競合メーカーも少なかったため、海外製品を模倣して、高品質低価格なモノをつくれば売れました。

しかし、現代はそれが仇となります。

流通は情報がよくなると、世界的な競争に巻き込まれ競争力を失います。音楽などの、エンタメ業界を見てもわかりますが、韓国のBTSなどは、アメリカのビルボードでもトップを取ったり、世界的ラグジュアリーブランドのアンバサダーにもなっています。

韓国は、人口が日本の半分しかいないため、たとえばエンタメの場合、国内需要だけでは食べていけません。ですから、最初からグローバルなニーズを狙った戦略を取っています。韓国アイドルの多くは、デビューの時点で日本語や英語を話せますし、楽曲も欧米の作詞作曲家に依頼しています。

ここで、自分の会社は国内向けなので、海外展開するつもりはないと思うでしょう。

しかし、見込み客の感覚は、世界に向いています。

国内向け商品であっても、購入するほうはその思考ではなく、世界の流行に影響されて、選ぶ感覚になっています。

たとえば、iPhoneを通じて音楽やエンターテイメントを購入するように、ネットツールや商品も、海外製品をを使用するため、それにともない海外の考え方が浸透してきています。

つまり、あなたのサービスや商品が、グローバル基準でも選ばれる要素がないと、やがて競争に負けることを意味します。

世界は、グローバル化に向かっているにも関わらず、日本は国内に目を向けています。

国内消費を優先とした、商品開発や販売戦略に夢中です。

であれば、まだ日本企業の多くが世界に目を向けたマーケティング戦略をしていないなか、世界に目が向いている販売やマーケティングの考え方を実践するのであれば、チャンスといえるのではないでしょうか?

●品質にこだわりすぎて競争優位に立てない体質になっている

世界のラグジュアリー市場においては、日本企業の存在感が希薄なのは、文化の違いだけが理由ではありません。

技術革新を重視し、製品の物質的特異性にもとづいたマーケティングを展開することが、世界的なラグジュアリーブランドの構築を難しくしているのです。

物質的なモノに価値を見出すのではなく、形のないモノに価値を見出していくことが重要です。なぜならば、いままでは、日本国内のみを見ていれば、購入に関してクオリティーを優先すればよかったところ、流通と情報が発達したため、マーケットがグローバルに広がったからです。

実際に、韓国は国内需要が少なく、はじめからエンタメも世界を狙っていたため、日本よりはるかに進んでいます。

自分たちは、国内企業なので世界に出て行くつもりはなく、関係ないと思うかもしれませんが、海外から日本にサービスや商品が入ってくる以上、戦いは避けられません。

5　日本企業の海外進出から学ぶマーケティング

●日本はブランド戦略で遅れをとっている

日本で有名な時計メーカーのセイコーは、1881年に東京銀座で服部時計店として創業し、世界でも最高峰のスイス時計をモデルに製造を始めました。

本格的に高級化の道を進み始めたのは１９７４年。ブランド「クレドール」を立ち上げ、金やダイヤモンドの高級素材を使用した、高級ビジネス時計を扱うようになりました。

さらに世界的な時計ブランドになるため、１９８０年代にはスイスやフランスの企業を買収し、さまざまなジュエリーウォッチを発売していったのです。

しかし、１９８０年代は高級品の主要な輸入国が日本だったこともあり、セイコーは海外市場ではなく日本の国内市場向けのブランドに特化していきます。

そこでつくられたのが、高級機械式時計のサブブランド・グランドセイコーです。グランドセイコーは「日本の伝統あるモノづくりの素晴らしさを体現するブランド」として、ロレックス・カシオに次いで第3位という国内シェアを獲得しました。

ところが、セイコーというブランドで、スポーツウォッチ、ハイテク製品、高級機械式時計など異なるサブブランドを保持していることで、会社のブランドイメージが曖昧になってしまうというデメリットも…。

セイコー時計部門の売上は１９８０年の３２７０億円をピークに徐々に低下し、２００３年には売上高１０２０億円（底値）にまで落ちてしまいました。

世界市場でのシェアでは、ロレックスが14・１％なのに対し、セイコーは全ブランドを合わせても3・6％に過ぎません。

少し改善はされたものの、世界市場で見ると、セイコーはまだ後れを取っているというのが現状です。

●高品質だけでは世界市場のシェアをとれない

真珠のミキモトは、高品質の真珠の生産に注力し、日本の国内市場や欧米の富裕層市場で大きな成長を遂げました。日本国内では、真珠を結婚式の必需品にし、「身近な高級品」として広めた後は、富裕層向けに化粧品、香水、時計などを開発。アメリカ、フランス・イギリス・韓国などへ海外進出も果たしました。

しかし、海外市場では、日本国内のような成功を収めることはできませんでした…。

それは、「高品質な天然真珠のメーカー」という認識を超える、強いストーリーがなかったから。ブランド・アイデンティティーが曖昧だったために、拡大しなかったのでしょう。

とはいえ、ミキモトとセイコーは、日本のモノづくりの素晴らしさを体現するブランドであることは、間違いありません。

ミキモトが最高の人工真珠を実現したこと、セイコーが世界一精確な時計をつくったことは、日本の消費者にとって常識であり、その評価が購入に結びついています。

しかし、海外市場で成功するには、技術的な成果を強調するだけではなく、華やかなストーリーで消費者を魅了する必要があるのです。

6 ハイブランドマーケティングは「他社との比較」をさせない

●ロレックスは「夢」と「憧れ」を売っている

華やかなストーリーで人々を惹き込むハイブランドは、現在日本市場でも海外市場でも伸びています。

つまり、日本企業は、ハイブランドのマーケティング方法を取り入れることができれば、さらに拡大する可能性が大いにあるのです。

たとえば、ロレックスは、品質ではなくメッセージ性のある発信に力を入れたことで、うまくブランド価値を高めることができました。ロレックスは長年の技術改良で、防水性能、日付表示、耐久性、正確性、クロノグラフ（ストップウォッチ）機能など、どれをとっても業界随一です。機械式時計としては、圧倒的に高品質・高機能を誇っています。

しかし、「技術でも品質でもロレックスがナンバーワン」といった打ち出し方はしていません。それは、ロレックスにとって当たり前のことだからです。

それよりも、「ロレックスをつけるのは社会を変えていく優れた人だけである」というメッセージ、イメージ戦略に注力しています。

ただ高品質な高級品ではなく、それを所有した自分を想像する「夢を見させてくれる商品」、それがハイブランド、ラグジュアリーブランドなのです。

これからの時代、一般化の価格競争に巻き込まれないためには、「高くてもこの商品がほしい」「いつかこの商品を身につけたい」という思いを起こさせ、夢を与える打ち出し方が重要なのです。価格面、機能面などで比較されている段階は、まだ「プレミアム（高級品）」の状態です。そうではなく、買う人に夢を与えるハイブランド、ラグジュアリーブランドを目指しましょう。

●スウォッチグループはイメージ戦略で返り咲いた

実際に、このハイブランド戦略で復権したのが、オメガ、ロンジン、ハミルトン、ブレゲなどのブランドを擁したスイス時計産業連合のスウォッチグループです。

日本企業が、高機能と低コストに力を入れるなか、スウォッチグループは、伝統と工芸を軸に、毎年価格を上げていく戦略を取りました。

「はじめて月に行った時計オメガ」

「複雑機構を生み出した天才時計士ブレゲ」

このように、歴史的事実からブランドストーリーを構築し、美麗な機械加工に意味性を持たせていったのです。

また、流通量の限られた特別な品として「機械式時計」の価値を高めていきました。

その結果、日本製時計が大量生産で世界を席巻するなかでも、スウォッチグループは日本の100倍近い価格で販売し時計産業に再起しました。このように、ブランドイメージやメッセージは、商品の価値を高め「高価格でもほしい」という思いを起こさせる力を持っているのです。

7 日本企業もハイブランド戦略を取り入れていく

●ラグジュアリーブランドとハイブランドの違い

高級ブランドのなかでも、ラグジュアリーブランドとハイブランドには、違いがあります。

- ・ハイブランド……優れたデザイン性と品質、高価格帯、歴史が浅いブランドも含まれる
- ・ラグジュアリーブランド……ハイブランドのなかでも歴史があり、王室御用達のブランドも多い

ラグジュアリーブランドの品を手に入れることは、「自分は特別だ」という社会的ステータスを手にすることでもあります。それがラグジュアリー商品の魅力なのです。

日本企業の場合は、ハイブランドとして認知されるように、イメージ戦略を打ち出しましょう。ハイブランド戦略では、「夢」を扱うことで「自分も同じブランドのモノを身につけたい」と思う人を増やしていきます。各ハイブランドでは、アクセサリーや化粧品など、比較的安価に購入でき

る商品を用意し、中間層にもアプローチしていることもポイントです。

この「夢づくり」と「大衆向けのマスマーケット」が、ハイブランド戦略の要なのです。

これまでの日本は、国内の大衆市場を狙った商品と、海外進出のための高級商品を別々に打ち出してきましたが、そのためにブランドイメージが曖昧になっていました。一方、世界的に成功しているシャネルやディオールは、フランス国内と海外市場で一貫したブランドイメージを守っています。日本では、高品質（素材の希少性、職人の技術力、高性能など）が好まれますが、世界市場は完璧なモノを求めているわけではありません。

ディオールの商品を買う人は、「質の高い服」ではなく、クリスチャン・ディオールなどのデザイナーたちが展開する「ファッションにおける近代アートのイメージ」を買っているのです。ここに、日本と世界のマーケティングの差があるといえるでしょう。

ハイブランドの持つ「夢を抱かせるイメージ」や「メッセージ性」を打ち出すことが、今後の日本企業の成功と発展を握っているのです。

8　これからの時代は「品質」より「イメージ」

●イメージ戦略とは

日本人は、とにかく質にこだわる国民性を持っています。

これまで品質以外に目を向けてこなかったため、「イメージ戦略」といっても、想像できない人も多いかもしれません。

たとえば、音楽業界の場合。現在はパソコン1つで誰でも参入でき、AIで曲も歌詞もイラストも生成可能な時代ですから、音楽のクオリティーだけで存在感を出すのは、あまりにも難易度が高すぎます。

ですから、品質ではなく、形のないモノ（歴史、物語、世界観、バックグラウンド、価値観など）の総合的なイメージの演出が増えてきています。

そう考えると、イメージがしやすい人もいるのではないでしょうか。

日本はこれまで、車、パソコン、テレビ、音楽プレーヤー、ゲームなどのさまざまな分野で、品質の高いモノを安く売ることで世界を席巻していました。

しかし、現在も人気を誇っているモノは車くらいです。それも電気自動車の時代になれば、難しいエンジン製造が不要になるため未来が明るいとはいえません。

世界では、もうクオリティーでの差別化が通用しない時代になっているのです。

●ブランドイメージをつくる

具体的にイメージ戦略を取るには、一体どうしたらいいのでしょうか？

たとえば、ミュージシャンの場合、アルバム制作の前にコンセプトを決めます。

コンセプトは、ミュージシャンの生きてきた歴史、音楽の道を歩んできた過程や心情や考え方に影響されています。そのミュージシャンの世界観を、楽曲やプロモーションビデオなどで表現していくのです。

また、自身の言動、行動、身につけるモノ、生き様などもイメージをつくるための一環になるでしょう。

ラグジュアリーブランドの場合、その歴史はブランドの魅力を引き出す基盤を形成する要素です。そして、その物語を物質的に具現化した商品に、人は価値を感じるのです。

実際、ルイ・ヴィトンやエルメスなどラグジュアリーブランドのウェブサイトを見ると、デザイナーや工房で働く職人の様子、ブランドの歴史、ファッションショー、リペアサステナビリティなど、ブランド価値を高めるためのページがたくさんあります。

美術館でのイベントやアート、カルチャーとの融合も行っていて、エルメスは自身の歴史を漫画化しています。

ポイントは、ブランドアイデンティティーをつくり上げ、ブランドの価値を高めるために、消費者へ歴史を伝えているという点です。

そのポイントを押さえておけば、歴史の浅いブランドであっても、創業者に焦点を当てたり、高品質なモノをつくっていたり、希少な素材を扱っていたりすることをうまく発信し、ブランドと商品の価値を高めることができるのです。

●最初から海外に目を向けてブランディングする

近年のハイブランド企業の成功からは、価値を創造することの重要性がわかります。

現代はグローバル社会ですから、国内外問わず一貫したブランドアイデンティティーの発信を心がけましょう。

もし、これからブランドの歴史や物語をつくるのであれば、日本国内向けではなく、はじめから世界にも目を向けて、普遍的な価値を提示することが大切です。

最初から海外市場に目を向けてイメージ戦略を考えるなら、経営者も従業員も多様性を高めるために、マーケティングの専門家の目線などが必要になるかもしれません。

それほど、イメージ戦略は重要なものなのです。

9 「マーケティング」と「職人」は別の仕事

●ラグジュアリーブランドはマーケティングによって拡大してきた

現在のラグジュアリーブランドは、コングロマリット化（異なる業種や産業に属する複数の企業が経営統合を行い、1つの大きな企業グループを形成すること）をしています。

大資本の傘下に入った結果、生地の共有からデパートを傘下に収めた販売などが可能になり、大きく世界展開ができるようになりました。

（例）世界最大のコングロマリット「ＬＶＭＨグループ」のブランド一覧

- LOUIS VUITTON（ルイ・ヴィトン）
- Dior / Christian Dior（ディオール／クリスチャン・ディオール）
- GIVENCHY（ジバンシー）
- FENDI（フェンディ）
- LOEWE（ロエベ）
- CELINE（セリーヌ）
- PATOU（パトゥ）
- Donna Karan（ダナ・キャラン）
- KENZO（ケンゾー）
- Loro Piana（ロロ・ピアーナ）
- BERLUTI（ベルルッティ）
- STELLA McCARTNEY（ステラ・マッカートニー）
- MARC JACOBS（マーク・ジェイコブス）
- Thomas Pink（トーマス・ピンク）
- StefanoBi（ステファノ・ビー）
- EMILIO PUCCI（エミリオ・プッチ）

もともとは、それぞれフランス、イタリアの職人気質のブランドでした。

1970年代のラグジュアリーブランドの多くは、家族経営が主流でしたが、そのときはここまでグローバルな展開はしていませんでした。職人だけでは、ブランド規模を大きくしたり、商品を広めたりすることが難しいからです。

グループの傘下に入ったことで、世界的に広まっていきました。それほど、職人にマーケティングを求めるのは難しいものなのです。

もちろん、反対にマーケターに職人気質を求めることはできません。職人とマーケターは、そもそも会社での役割が異なる、別の生き物だと思ったほうがよいでしょう。

●職人気質の企業のままでは、拡大に限界がある

多くの場合、会社は大きくなるにつれてさまざまな規則や慣習がつくられていきます。その結果、身動きが取りづらくなって、自分で経営の首を締めることになりますが、自力での変革は難しいものです。

そうならないためには、外部からの新しい考え方を取り入れて変革を行うことも必要です。

歴史を見ても、黒船来航、大政奉還など、歴史が動くのは外的圧力でした。それと同じように、職人気質な企業が大きな飛躍を狙うなら、別の発想を持つ、マーケターの考え方を取り入れることが不可欠なのです。

10　ＬＶＭＨからマーケティングの必要性を学ぶ

●マーケティングで認知を上げてブランドを復活させていった

現在は、ファッション業界でもコングロマリッド化したブランドがシェアを拡大しています。業界1位はＬＶＭＨ、２位はカルティエやヴァンクリーファアベルなどを持つリシュモン、３位はグッチ、イヴサンローラン、プーマ、ボッテガヴェネタ、バレンシアガを持つケリングです。

業界1位のＬＶＭＨは、ベルナール・アルノーが1代で築いています。

ここでは、ベルナール・アルノーのエピソードから、そのマーケティング手腕をご紹介しましょう。

フランス人のベルナール・アルノーは28歳のときに、父から建設会社の社長の座を譲り受けました。ハイブランド業界に進出したきっかけは、ニューヨークでタクシーに乗った際、タクシーの運転手に「フランスについて、何か知っているか？」と尋ねたことです。

ニューヨークの運転手は、

「フランスの大統領の名前さえ知らないよ。だけど、クリスチャン・ディオールという名前だけは聞いたことがある」

と答えたのです。

このとき、ベルナール・アルノーは歴史的認知度に価値があることを直感的に理解し、歴史のあるブランドの潜在的な可能性に気づきました。

クリスチャン・ディオールは、デザイナーが亡くなったあと、長期間ライセンス生産で過剰な商品展開が行われた結果、自国ではハイブランドのイメージが薄れていました。

そこで、ベルナール・アルノーは、クリスチャン・ディオールを買収するとライセンスを廃止し、ブランドに才能豊かな若手デザイナーを投入し、伝統あるブランドを再生しました。

雰囲気を一変したクリスチャン・ディオールの新作は、世界中の女性たちに支持され、モノブランドストアでグローバルなネットワークを構築し、売上を飛躍的に伸ばし、ブランドイメージを高めていったのです。

●ベルナール・アルノーのハイブランドマーケティングを知る

ベルナール・アルノーは、その後もＭ＆Ａを行い、ルイ・ヴィトン、ロエベ、セリーヌ、ジバンシー、ケンゾー、ゲラン、フェンディなど、次から次へと大型買収を繰り返し、あれよあれよと巨大ブランドＬＶＭＨを築き上げていきました。

その手法はいたって、シンプルなものです。

(1) 知名度は高いが、経営が振るわず苦境に陥っているブランドを安値で買収する

(2) ブランドを再生し、資産価値を高める

(3)　新鋭デザイナーを起用する

(4)　年2回行われるパリ・コレクションに参加し、話題を呼ぶ内容にする

(5)　広告でスター性をアピールし、世界中の旗艦店と直営店で同時に新作を売り出す

(6)　次のコレクションの購買意欲をかき立てるため、定期的に新作を発表する

このような6つの方法で、ブランドの価値を高め、世界的に拡大していったのです。

ベルナール・アルノーは、『日経BP』のインタビューで、次のように語っていました。

「マーケティングを気にするデザイナーは、いかに才能があっても、ブランドに寄与する作品はつくれません。ブランドに革新性をもたらすには、本物のクリエイターが必要なのです」（出典：『ブランド帝国LVMHをつくった男、ベルナール・アルノー、語る』イヴ・メサロヴィッチ著／日経BP）

この言葉からは、ベルナール・アルノーも職人がマーケティングを覚えて、ビジネスを広げるには限界があると考えていることがわかります。

たとえ職人がマーケティングを学んでも、それは「マーケティングを学んだ職人」であって、プロのマーケターにはなれません。

マーケティングの考え方と職人の考え方は、それほど大きく異なっているということです。

職人とマーケターは別々の人が担い、それぞれ得意な分野で能力を発揮するほうが、ブランドを大きくできるでしょう。

第2章　まとめ

- [ ] リストマーケティングを活用し、優良顧客にアプローチしよう

- [ ] お試しから商品を購入してもらう、ツーステップマーケティングを活用する

- [ ] 高品質で安い「メイドインジャパン」ではモノが売れない時代になっている

- [ ] 価格競争をしないハイブランドマーケティングに取り組もう

- [ ] ハイブランドは、モノではなく「夢」と「憧れ」を売っている

- [ ] 「マーケティング」と「職人」はまったく違う仕事だと心得よう

第3章　世界的に成功してきたラグジュアリーブランドの歴史から学ぶ

1　ラグジュアリーブランドの背景を知る

●富裕層をターゲットにしているラグジュアリーブランド

ハイブランドのなかでも、とくに高品質で高価格な製品を提供する歴史あるブランドのことをラグジュアリーブランドと呼びます。このようなブランドは、素材の高級感やデザイン性、技術的な高度な製造工程などに特化しています。

価格に見合うブランド価値や付加価値があり、そのブランド自体が持つ高級感とプレステージ性の高さを持っています。

そして、ラグジュアリーブランドは、その高い品質とプレステージ性から、特定の社会階層や富裕層に支持されてきた歴史があるのです。

また、現代では広告費にもかなりの予算を割いており、印象的なキャンペーンを展開しています。高価格な商品を扱う場合、需要は限定的で顧客層も比較的限られてしまうため、販売戦略が非常に重要なのです。ラグジュアリーブランドの４つの特徴を上げます。

⑴　製品やサービスが高品質

⑵　一般的に価格は高い

⑶　数に限りがあり、なかなか入手できないモノが多い

⑷　顧客は富裕層や高所得者

これらの特徴があることで、顧客は、商品やサービスに対して高い価値を見出します。

自社のブランド価値を上げるためには、この４つの特徴を押さえることが必要なのです。

●ラグジュアリーブランドとハイブランドの違いとは

アパレル業界は、とくにラグジュアリーブランドとハイブランドを明確に使い分けています。

両者の違いを一言であらわすと、「特別感の有無」です。

ラグジュアリーブランドは品質の高さに加えて、ブランドとしての歴史や信頼があります。多くのブランドが王侯貴族御用達としても知られており、一般的にはなかなか購入できない特別感を持っています。

一方、ハイブランドは価格帯が高いブランドの総称のため、なかには歴史が浅いブランドも少なくありません。品質の高さはあるものの、ラグジュアリーブランドと比較すると購買経路も充実していて、特別感はそこまで高くはありません。

（例）代表的なラグジュアリーブランド

・LOUIS VUITTON（ルイ・ヴィトン）

・GUCCI（グッチ）
・Hermès（エルメス）
・CHANEL（シャネル）
・BVLGARI（ブルガリ）
・Tiffany & Co.（ティファニー）
・FENDI（フェンディ）
・LOEWE（ロエベ）
・CELINE（セリーヌ）
・Dior / Christian Dior（ディオール／クリスチャン・ディオール）
・GIVENCHY（ジバンシー）
・PATOU（パトゥ）
・EMILIO PUCCI（エミリオ・プッチ）

いずれのブランドも歴史が長く、ブランドイメージが確立されています。

ブランドが誕生した背景や積み重ねた歴史こそが、長年にわたり愛され続けてきた要因ともいえるでしょう。

機能性やデザイン性が優れているだけではなく、人々を魅了するだけのストーリーがあるのです。

●ラグジュアリーブランドの歴史

現代のようなファッションブランドが成立したのは、産業革命が起こった19世紀後半から20世紀初頭です。

衣服が機械で大量生産ができるようになったことにともない、大衆化も進みました。

衣服の大衆化が進んだため、人々は自分たちの身分やステータスを高級で洗練された衣服を身に纏うことで示すようになったのです。

フランスを中心に一流の仕立屋や衣料品メーカーが多数誕生し、一流の顧客向けに高品質でスタイリッシュな衣服を提供していきました。これが、現代のラグジュアリーブランドの原点です。

このようなラグジュアリーブランドの起源は、ルイ・ヴィトンといわれています。

ルイ・ヴィトンは、19世紀にフランスの高級ファッションブランドとして創業しました。

もともとは、馬車の旅行用トランクの製造メーカーでしたが、ラインナップを拡大し、レザーグッズやアパレル、アクセサリーなどもつくるようになりました。

そして、優れた品質を誇るイメージや独特のデザイン性が人々の注目を集めるようになり、現在のようなブランドイメージをつくりあげていったのです。

また、当時はフランスのシャネル、イタリアのグッチなどの有名ブランドも続々とラグジュアリー市場に参入していった時代です。これらのブランドは、歴史や伝統を背景に独自の世界観を確立し、現在も世界中の人々に愛され続けています。

さらに近年では、新興国での需要も伸びており、中国をはじめとしたアジア市場でラグジュアリー産業が拡大しています。

今後も、技術やデザインの革新、顧客ニーズに合わせ高品質な製品と上質なサービス、そしてブランド価値を高めるマーケティングで、ラグジュアリーブランドはさらなる成長をしていくでしょう。

2　ラグジュアリーブランドの3つの魅力を知る

●デザイン・品質・体験を大切にする

ラグジュアリーブランドには、ほかにはない3つの大きな魅力があります。

(1)　デザイン

ラグジュアリーブランドの魅力の1つ目は、デザインの美しさや芸術性です。

素材、細かな細工からこだわった製品はどれも美しく緻密に設計されています。

とくに消費者を魅了するロゴやパターンなどのデザインは、ブランドのアイデンティティーを象徴する重要なものとなっています。

(2)　品質

ラグジュアリーブランドでは、品質管理も徹底的に行われているのが特徴です。

高品質な素材の選択から生産工程までこだわり、職人の手で丁寧に仕上げられているため、数十年と使用することができるものばかりです。

そのような高い品質を保証しているのも、ラグジュアリーブランドの魅力なのです。

(3)　体験

ラグジュアリーブランドの店舗では、豪華な内装や照明やＢＧＭなどで、ブランドの世界観を表現しています。ブランドイメージに沿って購買体験が豊かになるように工夫がなされているのです。

また、店員は丁寧な対応ができるように教育が徹底されていて、お客様に合わせたサービスを提供してくれます。そのため、店内で素晴らしい購買体験ができるのも大きな魅力です。

美しいデザイン、高品質の素材、豊かな購買体験、この３つの要素によって、ラグジュアリーブランドの魅力は高まるような仕組みになっているのです。

3　ラグジュアリーブランドの価格設定の秘訣を学ぶ

●ラグジュアリーブランドには価格競争がない

ラグジュアリーブランドには、高価格でも購入したいと思わせる戦略があります。

それは、価格を高く設定し、かつ高品質で希少性の高さをつけることで、商品の魅力やブランドイメージを高める手法です。

製品の限定性や希少性によって、付加価値を高めているのです。

そのため、自社製品の品質、デザイン性、限定品などの希少価値を考慮して自由に価格を設定することが可能になります。

ラグジュアリーブランドでは、自社のブランドイメージとお客様のニーズに応じた価格設定が行われます。

そのため、一般的なブランドと比較したとき、競合を意識した価格競争などは一切起こりません。

●時代に合わせた広告戦略を打ち出していく

広告戦略においても、ブランドイメージを構築することがもっとも重要です。高度なクリエイティブ力が求められるため、優れたクリエイターや広告代理店が入っています。

ブランドイメージを構築するために、広告には、製品の魅力やブランドイメージを強調するためのストーリーがかならず入っているのがポイントです。

また、現代のラグジュアリーブランド広告では、マスメディア広告（テレビＣＭ、雑誌広告など）だけでなく、デジタル広告（ＳＮＳなど）も重要視されています。

とくに、有名人やセレブリティが製品を使用する姿をＳＮＳで紹介する、インフルエンサーマーケティングは、多くのファンやフォロワーからの反響が期待できるため、直接広告宣伝をするよりも信頼性が高いと考えられているようです。

また、ラグジュアリーブランドは、製品が高価格で限定性が強いため、一般の口コミも重要なマーケティング手段となっています。

こういった要素を駆使して、各ラグジュアリーブランドは、ブランドイメージを構築し、高い価格帯を維持しているのです。

●自社発信以外のＰＲ方法でブランドイメージをつくる

これまで解説してきたラグジュアリーブランド戦略は、ブランドのイメージを守るための戦略です。

ラグジュアリーブランドを購入する人の多くは、

「歴史や伝統に魅力を感じる」

「中の構造に興味がある」

「知的好奇心が満たされる」

「自分のコミュニティー内でアピールできるような、うんちくやストーリーがある」

などといった動機を持っています。

そのため、ラグジュアリーブランドは、築いてきたブランドの歴史や品質を落とさないよう、大量生産や大量広告をすることはほとんどありません。

露出を増やすと多くの人に認知してもらえますが、広告を出しすぎると安っぽさや大衆路線のイメージがついてしまう要因となるからです。

そのため、自社発信ではなく、取材を通して自社ブランドの情報を発信してもらうことで、高級感を損ねないＰＲを行っているのです。

4　ラグジュアリーブランドの歴史からマーケティングの秘訣を探る

●なぜ高額商品を扱うようになったのか？

そもそも、ラグジュアリーブランドはなぜ高価なのでしょうか。

さまざまな業界のマーケティングを行っていると、どうしても受注単価が頭打ちになることがあります。そのため、わたしがその打開策を探して日本企業のホームページを見ていた際、ある違和感があることに気づきました。

その違和感とは、ホームページに登場している人物が「ダサい」ことです。そして、

「海外のブランドは、なぜ、あんなに高いのに人気があり、売れるのだろう？」

という先ほどの疑問が浮かんだのです。

たとえば、エルメスのハンドバッグは50万円、２００万円、５００万円を超える商品もあります。

フェラーリは、２０００万円を超えるモノも売れています。

どうすれば、そんなに高いモノが売れるのか？

わたしは自分のマーケティングに活かせないかと、ハイブランドの歴史から調べ始めました。そしてそこには、一般化と戦いながらブランドを守り、高価格を実現するためのヒントがたくさんあったのです。本書では、先ほど少し触れたルイ・ヴィトンの歴史を基にご紹介していきましょう。

●ルイ・ヴィトンの歴史から、マーケティングを学ぶ

世界的に有名なラグジュアリーブランドの1つである、ルイ・ヴィトンが創業されたのは、いまからおよそ１６０年前の１８５４年のことでした。

創業者のルイ・ヴィトンはフランスで生まれ、16歳からスーツケース職人の道へ進みます。職人として高い技術を持った彼は、当時のフランス王室から注文を受けるほどでした。

約20年ほど職人としての腕を磨いたのち、旅行カバン専門店を創業したことが、現在のルイ・ヴィトンの始まりです。

ちょうど移動手段が馬車から鉄道へ移行している時代、彼の高い技術から、ルイ・ヴィトンの旅行カバンの評判はパリ全土に知られるようになりました。

これまでのトランクは、馬車で移送する際に雨が降っても水が落ちやすいように、ふたの部分が丸いアーチ状で、宝箱のような形が主流でした。

しかし、鉄道の場合は、雨の心配はありません。ルイ・ヴィトンは、簡単に上積みができるように平らなトランクを考案し、材質も防水加工を施した軽いグレーの無地コットン「グリ・トリアノン・キャンバス」に変更、また上部に鍵をつけた盗難対策も施しました。

これが堅牢で軽く運びやすいトランクとして、当時の社交界のファッションリーダーであった、ナポレオン3世の皇妃の心を掴みます。それがきっかけとなり、ヨーロッパ中の王族が競うようにルイ・ヴィトンにオーダーし、彼とブランドの名声は一気に高まりました。

さらに、ワードローブトランク（旅行用タンス）を発明するなど、次々と革新的なアイデアを盛り込んだルイ・ヴィトンのカバンは確固たる地位を築き上げていきます。

●ルイ・ヴィトンと模倣品の戦い

1880年、初代ルイ・ヴィトンが創り上げた人気アトリエを、息子のジョルジュ・ヴィトンが継承しましたが、二代目のジョルジュ・ヴィトンがもっとも頭を悩ませたのは、模倣品対策でした。人気ブランドだからこそ、模倣品が多数出回ります。

ジョルジュ・ヴィトンが会社を継いだとき、すでにブランドの地位は確立されていて、商品としての機能性も他社の追随を許さないほど優れていました。

そこで、同業者たちはデザインだけを真似した粗悪な商品をつくり、市場に大量に流通させていきました。この対策のため、ジョルジュ・ヴィトンはさらに新しいデザインを考えます。このとき

１８７８年パリで行われた万博博覧会で日本文化のブームが起きていたことから、模倣品対策として日本の市松模様に似せた新しいデザイン「ダミエ」を発売。ベストセラーになりました。当時はジョルジュ・ヴィトンだけでなく、クロード・モネ、エドゥアール・マネ、フィンセント・ファン・ゴッホ、などの名だたる芸術家が、ジャパニズムに心を奪われていたのです。

しかし、「ダミエ」は斬新なデザインではあったものの、生産効率を考えシンプルなデザインにしたため、また簡単に模倣品が出回ってしまいました…。

そこで、ジョルジュ・ヴィトンは、職人たちの卓越した技術を生かしたデザインを考えます。それが現在もルイ・ヴィトンのアイコンとなっている「モノグラム」です。

ルイ・ヴィトンの頭文字「L」と「V」を組み合わせたデザインに、花や星を用いた日本の家紋を連想させるような革新的なデザインは、模倣品の対策から生まれたものだったのです。

大量生産できる簡易なデザインとは違い、高度な技術を必要とするデザインは、１つひとつが職人の手作業です。これ以降、模倣品は市場にほとんど出回らなくなりました。

模倣品との差別化をするために生み出された「モノグラム」のデザインは、ブランドを守るための創意工夫の精神として現在も脈々と引き継がれています。

このように、顧客を特別に扱い、王室御用達として愛用されてきた確かな技術と歴史、模倣品と戦いながら生まれた革新的なデザインが、現在のルイ・ヴィトンのブランドイメージを構築しています。これが、「高くてもほしい」というブランド価値を支えているのです。

「モノグラム」シリーズが、現在もルイ・ヴィトンの売上の約60％を占める人気商品であることが、その1つの証といえるでしょう。

5　品質へのこだわりにはイノベーションの危険がつきまとう

●技術の躍進で商品価値が下がってしまうこともある

高い価値を獲得しているハイブランドは、多岐にわたるブランド構築の戦略を用いています。

（例）ハイブランドブランド構築の戦略

・高品質な商品やサービスの提供、ユーザーのエクスペリエンス（ユーザーが感じる使いやすさ、感動、印象といったユーザー体験）の向上
・独自のブランドストーリーの構築
・ブランドアイデンティティーの確立

このようなところに力を入れているブランドが生き残ってきたのです。

一方、日本企業は、製品の高い品質にこだわっていますが、これは、時代の流れによって通用しなくなってきています。

日本の学校では、日本の主なビジネスモデルとして「日本は資源がないため輸入し、技術を駆使

して高品質な製品をつくり、輸出して収入を得ている」と教わっていますが、これは戦後に成功したビジネスモデルです。実際１９９０年代初頭では「ジャパン・アズ・ナンバーワン」といわれていた時代もありました。

しかし近年は、情報や品質のよいモノが溢れているため、高品質であることの優位性が下がり、日本経済は低迷し続けて深刻な状況になっているのです。さらに、１つの製品への品質の追求は、他社の革新的な技術転換によって地位が陥落してしまう危険性もはらんでいます。

実際、さまざまな業界で技術転換が起こっており、多くの企業がその地位を奪われています。

(例) 技術転換で地位が陥落してしまったもの

・写真フィルム　→　デジタル写真
・携帯電話　→　スマートフォン
・据え置きゲーム　→　オンラインゲーム
・教科書　→　オンライン教材

このように、わたしたちが身近に利用している製品やサービスのなかにも、イノベーションによって商品自体が価値を失ってしまうことが起きています。

さらに深刻なのは、人間は品質を極限まで追求したにもかかわらず苦境に陥ってしまった場合、過去の成功にすがりつきたくなる傾向があることです。しかし、それでは現状の回復は見込めないでしょう。

6　日本でも海外のビジネスモデルを取り入れられる

●ブランド力を高めていく

ヨーロッパのラグジュアリー企業は、設立年度を重要視しています。

そのため、ラグジュアリーブランドは長期に存続する伝統芸術という価値をつくり出し、高価格で高級品の生産品を正当化しているのです。

実際、ハイブランド企業の設立年の古さは、ランキングでも確認することができます。

ハイブランド企業トップ１００社の平均創業は72年。そのうち26社は、創業１００年を超えています。

一方、21世紀に入って設立された企業は5社にすぎず、このことからも社齢と規模の間には高い相関があることがわかります。

このことから、「ブランド＝歴史」と考えてもよいでしょう。

じつは、日本企業には、世界的に見ると歴史の古い企業が数多くあります。

しかし残念なことに、その歴史に価値を見出す日本企業はとても少ないのです。それどころか、「古い」という印象が悪影響になっていることも少なくありません。

新興企業にはない、唯一の価値が歴史です。歴史が長いと、知名度が上がります。

一説では、企業の住民認知率は10％ほどと聞いたことがありますが、新興企業がその知名度を手に入れるためには、ＣＭなどを使い莫大な費用を費やす必要があります。また、企業のイメージを大勢の人に認知してもらうには、さらに多くの時間と労力が必要になるでしょう。

つまり、企業は存在しているだけで、すでに大きな価値を持っているのです。老舗にはそれだけの価値があり、そこを訴求ポイントにすることで、ブランド価値を向上させることができます。

ぜひ、海外のマーケティング手法を取り入れて、企業のブランド力を高めていきましょう。

●海外のマーケティング手法を日本に取り入れる

近年は、海外のマーケティング手法を取り入れたことで成功している日本企業も増えてきています。

たとえば、長野県に本社を置くリゾートホテル運営会社の星野リゾートもそうです。

星野リゾートは、ラグジュアリーや最高のおもてなしをコンセプトにした宿泊施設、星のや、界、リゾナーレなどを全国に50以上展開しています。

ホテル業界は通常、新規ホテルの建設から手がけ、運営で収益を上げていくのですが、星野リゾートは、リゾートの運営のみに特化した新しいビジネスモデルです。

これは、ホテルを所有しないことで建設費や維持費をかけず、収益力を向上させることを狙った起業初期からの戦略でした。

星野リゾートは、２００1年に軽井沢の「リゾナーレ小淵沢」の運営を受託してから15年で、運営施設数を35軒にまで伸ばしています。この展開の速さは、不動産を所有しないからこそ実現できたのでしょう。

世界では、「ホテルの所有や投資はしたいけれど、運営はしたくない」というニーズから、ホテルの運営とサービス提供が専門の運営会社に任せる仕組みがあります。

星野リゾートは、その海外の標準的なホテルの経営手法を取り入れて、ここまで成功してきたのです。

7 歴史が浅い企業でも、ブランドストーリーを打ち出すことはできる

●ストーリーを語る

わたしがコンサルをしていていつも感じるのは、新興企業が成長するには時間がかかるということです。その理由は、認知度を高めることが大変だという点です。

新興企業が素早く成長するためには、M&Aやコラボレーションで古い企業の知名度を活用することが近道になるでしょう。一方、歴史があっても低迷している企業の側からすると、現代のマーケティング手法を取り入れられるというメリットがあるのです。

また、「自社には歴史がない…」と感じている企業にも、創業にはストーリーがあります。経営者自身の生きてきた時間も、ある意味、会社の歴史といえるかもしれません。

そして5年、10年経った頃には、その分の歴史的価値があります。

あとはそれを、お客様にブランド価値として伝わるよう、イメージを構築していくことが大切です。

●話題性からブランドが確立することもある

・エルメス

エルメスの「ケリーバッグ」は、もともと1920年代に「サック・ア・クロア」として誕生しました。

シンプルかつ実用的なデザインのバッグは、当初、騎手たちが乗馬ブーツや鞭を収納するためのモノとして人気でした。

それが変わったのは、女優からモナコ公国の王妃となったグレース・ケリー王妃がきっかけです。グレース・ケリー王妃は、赤ちゃんを身ごもっていた際にパパラッチからカメラを向けられ、咄嗟に妊娠中のお腹を、エルメスの「サック・ア・クロア」で隠したのです。

その写真は世界中に広まり、「サック・ア・クロア」にも注目が集まったため、エルメスは「サック・ア・クロア」を「ケリー」と改名したそうです。

これは、歴史の長さではなく話題性から人気となった、ブランドの好例といえるでしょう。

・バーキン

エルメスの「バーキン」も、話題性から人気が生まれ、定着したものの1つです。

バーキンの誕生は1981年。イギリスの女優、ジェーン・バーキンと、当時のエルメスCEOの出会いがきっかけです。

当時のジェーン・バーキンは、Tシャツにデニム、そしてストローバッグ（かごバッグ）というスタイルが定番でした。

ある日、彼女はパリからロンドンへ向かう機内で、隣り合わせた男性と意気投合しました。その際、彼女はたくさんのメモをばらまいてしまいます。彼女は、散らばった紙を男性と拾いながら、

「バッグもポケットが足りないし、どの手帳にもメモが挟みきれないの」

と嘆きました。そこで男性は、

「手帳を大幅に変えるのは難しいけれど、代わりにわたしのアトリエであなたの理想のバッグをつくりましょう」

と提案します。その男性こそ当時のエルメスのCEO、ジャン・ルイ・デュマだったのです。

ジャン・ルイ・デュマは彼女の理想のバッグをスケッチして、「オータクロア」をベースに、たっぷりとした容量で、底が平らで安定感があり、丈夫でエレガントなのにカジュアルにも使えるバッグを製作します。約2年後の1984年に完成したバッグは、彼女の名を冠して「バーキンバッグ」

と名づけられました。

ジェーン・バーキンの手に渡った「バーキンバッグ」は、その後、世界中のセレブやファッション愛好者たちの間で大変な人気を博し、そのエレガンスさと実用性、エルメスの伝統的な手仕事を体現するアイテムとして、現在もその地位を保ち続けています。

また、１つひとつが手作業で製造されるこのバッグは、投資としての価値も非常に高いといわれています。

8　グッチの歴史にはブランド確立のヒントがある

●グッチの歴史からブランドの再生を学ぶ

グッチは、イタリア人のグッチオ・グッチによって創業され、第二次世界大戦終了後に黄金時代を迎えました。そのきっかけは、グッチオ・グッチの三男が映画関連のビジネスをしていたため、グッチの製品を小道具に使用したり、女優たちに紹介したことで、「有名人が使用する商品」として広まったことです。

有名人のＰＲ効果は絶大で、グッチの製品は大きく売上を伸ばしました。当時のグッチは、エリザベス・テイラーやグレース・ケリーなどのハリウッド女優のほか、ケネディ大統領夫人など、世界的なセレブリティに愛用されていったのです。

ところが、マウリッツィオ・グッチの妻が社長夫人として経営に意見をいい、自分のデザインしたバッグを商品化したことなどからブランドイメージが下がり、経営状態が悪化してしまいました。その結果、グッチは全株式を売却、さらにマウリッツィオ・グッチが離婚ののちに、亡くなってしまったことで、グッチというブランドは失墜してしまいます…。

そんななか、グッチを復活させたのは、アメリカ人のトム・フォードでした。

トム・フォードは、これまで、クラシックでラグジュアリーなデザインを打ち出してきていたグッチに、ロックなテイストを加えて一新し、アイテムのデザインを統一しました。そして、ブランドイメージを守るため、商品のみならず、広告やショーウインドウ、ショッピングバッグのデザインまで、すべてフォードの承認を通すように徹底したのです。

そうして、デザインに一貫性を持たせたことが、グッチの新しいフォードスタイルの確立につながり、失墜したブランドイメージを復活させたのです。

以降もトム・フォードは徹底してロックで強いスタイルを打ち出し、ニューヨークやビバリーヒルズのビルボードにはマリオ・テスティーノ撮影のキャンペーン写真を大々的に掲示しました。

その結果、歌姫のマドンナや女優のケイト・ウィンスレットをはじめとする当時のセレブリティたちからも圧倒的な支持を受け、さらに人気に火がついていったのです。

その後も、店舗のデザインや広告、販売員の服装などにもこだわったことで、ブランド価値を高め、現在まで売上を伸ばしています。

●アレッサンドロ・ミケーレのマーケティング方法を知る

グッチを現在の地位に押し上げたのがトム・フォードならば、現在の地位に定着させたのは、アレッサンドロ・ミケーレだといえるでしょう。

彼はロックテイストで人気が上昇したグッチに、さらなる新しい風を吹き込みました。

ＧＧマークのキャンバス地に、ゼラニウムのプリントが施された「ＧＧ　ＢＬＯＯＭＳ」を、初のコレクションで発表し、フォードスタイルを支持していた層からも評価を得ます。

また、アメカジスタイルをグッチに取り入れたことで、新たな層の取り込みにも成功したのです。

このように、グッチやそのほかのラグジュアリーブランドの歴史を紐解くと、女優や歌手、王妃や大統領夫人などの「有名人」によるブランドＰＲの威力がわかります。流行は、昔から、常に人によって生み出されているのです。

わたしたちの身近なところでいうと、「パンツの裾を折り返す」というファッションも、20世紀のはじめ、英国貴族がニューヨークで行われる結婚式に参加するために会場に向かっている道中、突然の雨に見舞われ、裾が濡れたり汚れたりするのを防ぐためにスラックスを折り返したことがきっかけだったという説があります。

折り返したスラックスを、戻し忘れたまま参列したことで、

「これが、現在のイギリスの流行スタイルなのか」

と、勘違いされて定着してしまったのだそうです。

このように、「誰が」身につけているのかという「人」がきっかけになって、ブランドイメージは確立していきます。

9 スポーツ選手によってブランドの人気が変わる

●人気ブランドは「人」によって次々と交代していく

コンバースが黄金時代を築けたのは、競技黎明期からバスケットボールにフォーカスしていたことが勝因です。

バスケットボールは、コンバースの会社近くのスプリングフィールド大学で生まれた競技でした。そこに目をつけたコンバースは、多額の投資を行い１９１７年にキャンバス・オールスターを発表します。

以降、オリンピック正式種目への追加やＮＢＡの繁栄などバスケ業界の成長に寄り添い、50年以上もの間、選手たちにコンバースのファイブスターが活用されてきました。

この戦略で、50年近く続いてきましたが、１９７０年代に入ると、競合他社が次々と新作バスケットボールシューズを発表し始めました。ここから、コンバースは凋落の一途を辿っていくこととなったのです。

コンバースのオールスター誕生から50年以上が経った頃、１９６９年にアディダスの名作、スーパースターがリリースされました。

スーパースターは、当時のバスケットボールシューズの定番だったキャンバス地ではなく、高級感を持ったレザーを使用して、シンプルながらも美しい斜め３本線のデザインのラグジュアリーさも相まって、注目を集めます。そうして、これまでコンバース一辺倒だったバスケットボールコートに、アディダスのストライプが目立つようになっていったのです。

さらに、１９７４年にファイナルＭＶＰに輝いた選手たちがスーパースターを着用していたことで、アディダスに注文が殺到しました。

また、Ｒｕｎ‐ＤＭＣをはじめとするヒップホップアーティストが好んでスーパースターを着用したことでも、アディダスのスーパースターは人気に火がつきました。

Ｒｕｎ‐ＤＭＣのライブで、メンバーが、

「スーパースターを見せてくれ！」

と呼びかけると、何万人もの聴衆が自らのシューズを高々と掲げたという逸話は、当時アディダスがメインストリームに立っていたことを証明するエピソードです。

●１人のスーパースターがバスケ業界のブランドを変える

１９８０年代に入ると、ナイキ（NIKE）がバスケットボール業界に参入します。

現在ではナイキの定番となっているエアクッションシステムを最初に導入した、エアフォース１

の履き心地のよさは、旧来のゴムソールのシューズとは一線を画すものでした。

また、1984年6月にはバスケットボール界のナンバーワンレジェンド、マイケル・ジョーダンがNBAのドラフトで「シカゴ・ブルズ」に入団し、ナイキと契約。翌年にはシグネチャーシューズ エアジョーダンがリリースされ、世界中で大ヒットを記録しました。

これが、現在のナイキ人気の礎となっています。

なお、マイケルは大学リーグ時代にはコンバースを使用し、1984年のロサンゼルスオリンピックではアディダスのシューズを使っており、NBA入りの際には、当初コンバースやアディダスとの契約を検討していたそうです。ここで判断が変わっていたら、ブランドの人気も大きく変わっていたかもしれません。

アディダスの人気をRun-DMCが、ナイキの人気をマイケル・ジョーダンが押し上げたように、ブランドの価値は「誰が使っているのか」というイメージが、とても大きな要素であることがわかります。

10　芸能人が着ることでブランドイメージが上がる？

●イメージのよい人が使うことで、ブランドの価値も上がる

韓国のBTSは、Instagram のフォロワーが5000万人以上、YouTube の再生回数は5億回超えの人気アイドルグループです。

ラグジュアリーブランドはアンバサダーがブランド価値を高めることを知っているため、ＢＴＳにも衣装提供がされています。

日本でも、タレントの木村拓哉さんが着用して流行したものが山ほどあるため、芸能人の影響力がイメージできるのではないでしょうか。

ＢＴＳの場合、衣装提供が多いのはグッチ、ルイ・ヴィトン、ディオールの３社です（２０２４年６月現在）。

ＢＴＳがミュージックビデオで身につけたグッチのアイテムは大人気になっていますし、ルイ・ヴィトンの動画チャンネルでは、ＢＴＳのショーがもっとも再生されています。

ワールドツアーでは、衣装をディオールのキム・ジョーンズが担当しています。


（例）ＢＴＳメンバーがアンバサダーとして活躍するブランド一覧

・LOUIS VUITTON（ルイ・ヴィトン）
・Dior / Christian Dior（ディオール／クリスチャン・ディオール）
・BOTTEGA VENETA（ボッテガ・ヴェネタ）
・Cartier（カルティエ）
・Calvin Klein（カルバン・クライン）
・VALENTINO（ヴァレンティノ）

・Tiffany & Co.（ティファニー）
・CELINE（セリーヌ）

これほど多くの人気ブランドが、「人」を用いたイメージ戦略を行って成功を収めているのです。

このことからも、わたしが日本のホームページを「ダサい」と感じたことが、どれほど大きな問題なのか伝わるのではないでしょうか。

●ターゲットに合わせたアンバサダーを選ぶ

トレーニングウェアを扱うルルレモンは、有名人ではなく、地元のヨガインストラクター、トレーナー、アスリートなどを「アンバサダー」としてブランドアイコンに起用し、イメージ戦略を行っています。

彼らをアンバサダーに任命し、商品を提供し、レッスンで着用したり、SNSで投稿したりして、認知を広げています。

また、企業で定期的に開催するヨガやランニンググループなどのイベント講師を務めてもらっているのです。

公式HPを見ると、各店舗ごとにアンバサダーが紹介されています。

このように、そのブランドの特色に合わせたアンバサダーをつくることが、ブランドイメージを上手に定着させる鍵となるでしょう。

11　広告では登場人物をカッコよくする

●オシャレな人に使ってもらう

日本の商品やサービスはクオリティーの説明は熱心ですが、イメージや歴史の訴求は苦手です。でも購入する側の気持ちになれば、イメージ戦略の重要性がわかるのではないでしょうか。

あなたは、小さい頃に憧れたカッコいい人はいませんでしたか？　スポーツ選手や芸能人や憧れの先輩などの洋服や仕草などを、「カッコいいから」という理由で真似した経験があるのではないでしょうか。

ブランドイメージも要領は同じです。あなたがカッコいいと思う人をあげて、実践すればいいのです。

わたしは仕事柄ホームページの制作依頼も受けますが、ホームページの完成度は内部の要素よりトップ画像の印象のほうが大きいと感じています。そして、ホームページのデザインのよし悪しも、この画像に大きく影響されてしまうのです。

以前、住宅会社のホームページの制作で、プロカメラマンに撮影してもらった写真を使いました。結果的にキレイな建物に人を配置したことで、売上も平均単価も上がったのですが、ここでわたしはあることに気づいてしまいました。

それは、画像のイメージの人や生活に憧れてもらえなければ、せっかくのオシャレな家も魅力が半減してしまうということです。

高性能でオシャレな建物で品質がいいと必死に訴求しても、ホームページに掲載されている担当者や会社、お客様のイメージ写真がダサいと、当たり前ですが、その仲間に入りたいと思ってもらえません。

そもそも、見た目がダサい人や会社がオシャレな建物を訴求しても、

「本当にオシャレな建物になるのかな？」

と不安になる人もいるでしょう。人は、人物からカッコよさを感じるため、同じ条件ならカッコいいほうを選ぶものなのです。

●カッコいいイメージの人を起用しよう

昔は、ユニクロも品質はよいけれど、安くダサい印象のお店でした。

しかし現在は、お店もオシャレで、店内に飾られるパネルもスラリとした外人さんが洋服を着ているのでカッコよく見えます。

そのため、お客様も、

「わたしもあんなふうになれるのかな？」

と憧れて購入します。

ですから、自社の場合、自分をいかにカッコよく見せるかという演出だけでなく、カッコいいと思う人を選んで自社のイメージをつくり上げていくことが大切です。

販売の場合は、等身大の会社イメージではなく、あなたの製品やサービスを使う人が、「こんなにカッコいい生活を送ることができるんだ」とイメージできるような宣伝を心がけましょう。

庭や建築の会社なら、どんな人が生活しているのか？

コンサルタントなら、クライアントがどんなカッコいいライフスタイルを送っているのか？

あなたの商品やサービスを提供している人のカッコよさを演出してください。

これからは、このようなイメージづくりが、商品やサービスの質を高める以上に重要になってきているのです。

12　価値を感じてもらうための演出をする

●演出によってブランド価値を上げる

クライアントに価値を感じてもらうために必要なのは、演出です。

ディズニーランドも、舞浜駅を降りてからディズニーランドに行くまでに、気持ちを高めていくような演出になっています。

スターバックスは単なるコーヒーショップではなく、自宅（第一の場所）や職場（第二の場所）に次ぐ、屋外での居場所（第三の場所）を創造し、お客様に提供することを存在意義としています。

商品や提供する際の演出、店舗の内装やソファや音楽、スタッフの接客などで居心地のよさを演出しているのです（これは個人的な思い込みかもあるかもしれませんが、スタッフがオシャレで美男美女が多い気もします）。

そのほかにも、お寺には本堂・本殿を参拝するまでの道のりや門前町があり、神社の参道では、たくさんの木々があり鳥居をくぐってから本殿に向かうというつくりになっています。これもある種の演出といってもいいかもしれません。

また、少し高級なレストランでウェイターがお食事の説明をするのも、料理を提供する演出の１つです。サービスや商品の価値は、説明しないと相手には伝わりません。

わたしは以前、会議の前にわずかしか時間がないため、急いでラーメン屋さんに入り、急いで注文して急いで食べたのですが、レジでお金を払うときに、１５００円もするこだわりの限定ラーメンだったことを知りました。

メニューの説明をよく読まなかったために、せっかくのおいしいラーメンを満喫することができなかったのです…。

このようなことは、ままあるので、ブランドイメージをつくるためには、お客様に丁寧に説明することや商品やサービスを提供するまでの演出を行うことが、とても大切なのです。

●環境や時間もブランド価値を高める演出の１つ

文化的なものもありますが、日本人に比べ、欧米人は演出やサプライズが好きです。たとえば、身内の誕生日では部屋を飾りつけ、おそろいのTシャツを着て盛り上げたり、クリスマスシーズンには自宅や町並みをライトアップしたりします。これもイベントを盛り上げるための演出といえるでしょう。

日本でもしめ縄を飾りますが、演出というよりは、神様がいらっしゃる神聖な領域である「常世（とこよ）」と、わたしたちの住む世界である「現世（うつしよ）」を分ける印を意味しています。境界をつくることで、神域に不浄なモノが入り込むことを防ぎ、神様が宿るご神体をお守りする意味があるのです。

しめ縄を見ると、自然とお祭り気分が盛り上がるのも事実でしょう。

人は、すぐに提供されたモノや簡単に手に入るモノには価値を低く感じてしまいがちです。

逆に、レストランを例にとると、店舗の外装やインテリアに雰囲気があり、料理の説明を受け、時間をかけて用意されたモノが順番に運ばれてくるのをゆっくり楽しむことで、大きな価値を感じやすくなります。

このように、演出には価値を高める効果があるのです。上手に時間をかけることで、自社の価値を演出しましょう。

13 製品デザインもカッコいいモノが売れる

●カッコいいイメージに人は集まるもの

日本企業の多くは、品質や機能にこだわってきたため、製品デザイン（プロダクトデザイン）にこだわっているところは少ないでしょう。

それは、日本人の多くが「品質がよければ見た目はそれほど気にしない」という感覚を持っているからかもしれません。

しかしこれからは、ブランド価値を高めるためには見た目も重要です。

あなたの会社の製品を使ったり、使用したりして、ほかの人に「カッコいいでしょ」と自慢したくなったり、第三者から「カッコいいね」と言われることはブランドイメージには欠かせません。

「会社がカッコいい」

「スタッフがカッコいい」

「職場環境がカッコいい」

このように、どこかに魅力を感じたら、商品がほしくなったり、そこで働きたくなったりするものなのです。

Appleにせよ、ダイソンにせよ、ヨーロッパの自動車の会社にせよ、海外企業は製品デザインにこだわる企業が多い傾向があります。

日本の場合、デザインがカッコいいパソコンは少なく、車も貨物車のようなボックスデザインで丈夫さや機能性が重視されがちです。

もちろん、カッコいいモノを生み出しても、選ばれにくい日本独自のマーケット特性もありますが、日本国内でも製品デザインにこだわる会社はあります。

たとえば、キーエンスは、センサー、測定器、画像処理機器、制御・計測機器などの機器類を扱っている、ファクトリー・オートメーション（ＦＡ）の総合メーカーです。見た目カッコいいものが多く、国内のトップシェアを誇っています。

また、家電メーカーのバルミューダも、カッコいい製品が多く、たとえば２万円を超えるトースターなどは高額にもかかわらず、よく売れています。

このように、日本企業が製品デザインにも目を向け始めたら、市場はもっと変わっていくでしょう。

●利便性よりデザイン性が求められる場合がある

薪ストーブも、見た目のカッコよさが重視されるものの１つです。

日本で開発される薪ストーブは、あまりデザインにこだわりがないものが多く、燃焼効率やお手入ればかりにこだわってつくられています。

一方、海外品の薪ストーブはオシャレな外観です。

機能面で見れば日本製のほうがよいモノですが、シェアの多くは海外品が占めています。

その理由は、そもそも薪ストーブが効率を求める商品ではないことが挙げられるでしょう。

薪ストーブは、暖房設備という観点ではファンヒーターやエアコン、オイルヒーターなどに劣ります。

暖房設備ではなく、炎を楽しんだり、見た目を楽しんだりするものなのです。

また、日本の車は収納力や利便性の追求ばかりしたボックス型で、デザイン性は高くありません。

それが売れているから類似商品が増えるのは仕方がありませんが、そのなかでカッコよさを演出することで、差別化できる可能性があるのです。

14 悪いブランドイメージを変えるには大きな労力がいる

●一度ついたイメージはなかなか変えられない

一度カッコ悪い印象がついてしまうと、それを脱却するのはかなり難しいでしょう。

日本の4℃というアクセサリーメーカーは、

「ヨーロッパでは19歳の誕生日にシルバーをもらうとしあわせになれる」

という言い伝えを日本に広めたメーカーです。

10代に向けた商品展開で、シルバーという素材で購入しやすい価格帯にしたこともあり爆発的に売れました。

しかし、そのせいで、「10代向けの安いアクセサリー」というネガティブなイメージがつき大量消費されてしまったのです。

現在ネット検索をすると、ネガティブな評判が多くなり、クリスマスや記念日のあとには、フリマアプリなどで大量に出品されていることも…。

そして、それを見た人からも悪いイメージを抱かれてしまうという悪循環が起きています。

このようなブランドイメージを変えるのは容易ではありません。

ですから、事前に大衆向けのブランドイメージがつかないように、イメージ戦略をと取ることが大切なのです。

●住宅会社の例からブランド価値の重要性を確認する

一時期は、ローコスト住宅メーカーも爆発的に売れていました。

わたしが、勤めていたときはその勢いがあったのですが、数年もするとその勢いは下がっていきました。

そして、施主から「カッコ悪いから、建築中の看板や足場に掲載する社名の垂れ幕を出さないでほしい」という要望がくるほど、ブランドイメージがマイナスになってしまったのです…。

安物というイメージがついてしまうと、スタートダッシュはよくても、やがて売れ行きは低迷してしまうのです。

そこから「安い」という訴求を止めても、結局、安物というイメージは払拭できず、住宅業界では、社名を変更する企業が相次ぎました。

「よくて安い」という訴求は、劇薬や麻薬みたいなものです。

瞬間的には売れても、長期的には悪影響を及ぼすのです。

クオリティーに価値があったのは、モノや情報が少ない時代だけ。モノや情報が溢れているこれからの時代は、イメージを活用して、ブランド価値をつくっていきましょう。

15 ラグジュアリーブランドの王道「ルイ・ヴィトン」の歴史から学ぶ

●ルイ・ヴィトンの歴史は模倣品との戦い

ルイ・ヴィトンは、王族や超富裕層向けに特注品のトランクをつくり、一般の人たちにとって特別感のある、個性的で融通の利くバッグや、あらゆるニーズを満たすハンドバッグをつくり分けています。

この2つの市場を1つにつなげているのが、使われている素材であったり、ルイ・ヴィトンの代名詞、所謂「モノグラム」です。

ルイ・ヴィトンが世界的に認識され、成功を収めたブランドの王者たる所以は、この釣り合いと相補性にもとづいています。

一般的な中流階級の人々が、ルイ・ヴィトンの店舗で、「モノグラム」の同一素材の鞄を買い続ければ、本来なら高いブランド力と利益の維持は難しくなります。

ただ、世界中の王族や超富裕層が、ＬＶマークの「トランクやそのほか特注品」を買い続ける限り、ラグジュアリーブランドとして、高いブランド力と利益を存続し続けるのです。

さらに、低所得者層でも手に入れられるように、革小物や財布などを用意しています。

上流から入門まで相補性の高いバランスのよいモデルといえます。

このビジネスモデルを立て直したのは、ＬＶＭＨのベルナール・アルノーですが、「モノグラム」の相補性は、ブランドの世界でもっとも成功したモデルといっても過言ではありません。

基本的には、「特別な人向けのハイエンド商品、高級商品、入門商品」の3つに分けています。

ルイ・ヴィトンは次頁の図表14のように、ターゲット層に合わせた金額・商品数のバランスを取ることで、一般化を防ぎ、ブランド価値を保ちながら、認知度を広げています。

このバランスがうまくいっている例として、ディオールとあわせて確認しておきましょう。

【図表 14　ラグジュアリーブランドの商品展開】

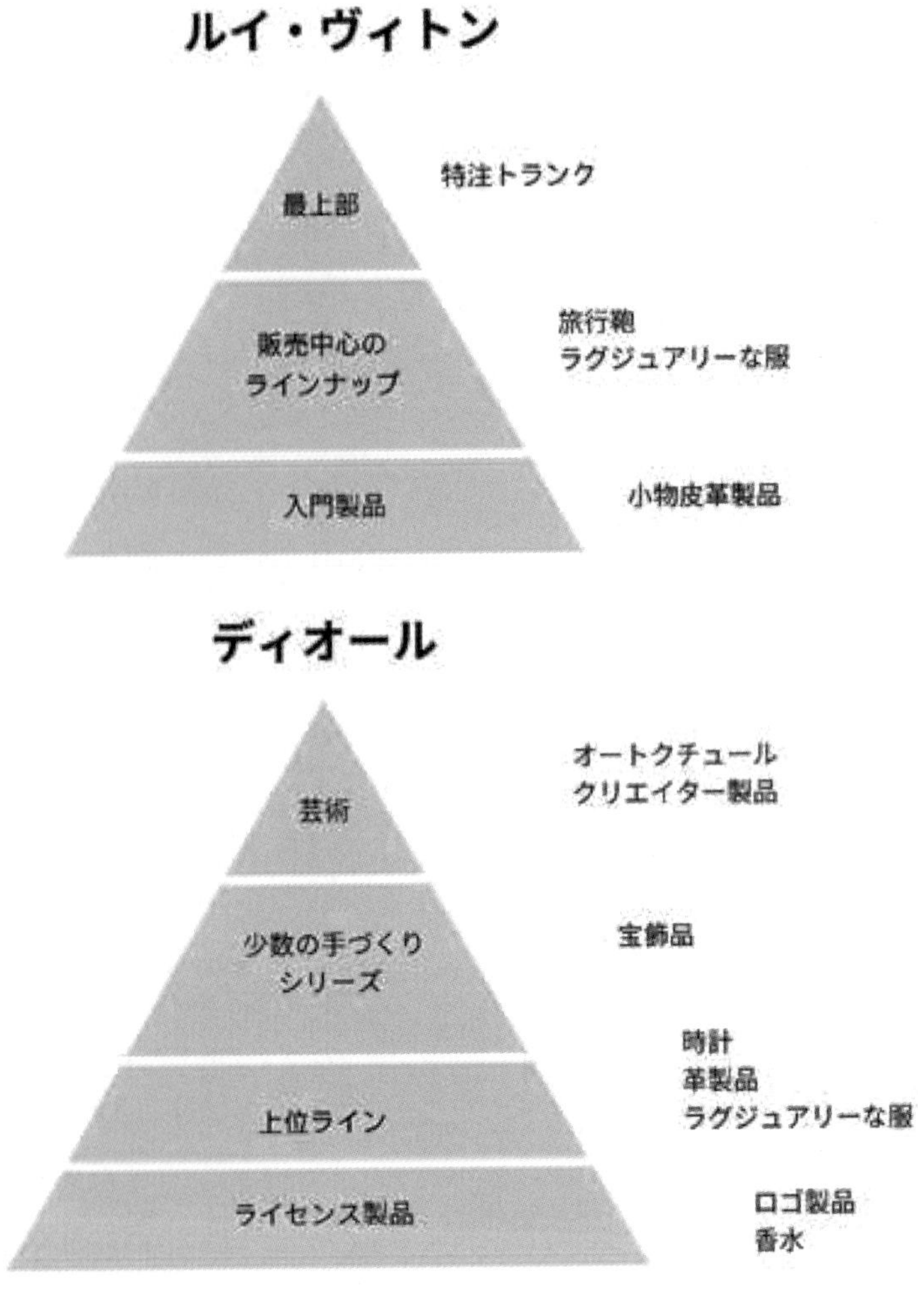

●イメージ戦略は模倣品対策のために生まれた

ハイブランドは模倣品との戦いの歴史です。そのなかで、ハイブランドが対応してきた方法が、イメージ戦略でした。ファッション雑誌を見ると、グッチ、ルイ・ヴィトン、エルメス、シャネルなどの広告は、商品の説明というより、おしゃれな人がおしゃれなポーズをしている写真が多いでしょう。文字すらない場合も多々あります。それで、「わたしたちのブランドや商品のイメージはこんな感じです」というイメージを表現し、伝えているのです。商品は真似しやすくても、イメージは真似しにくいでしょう。このようなイメージ戦略と、ヘリテージ戦略（歴史戦略）でラグジュアリーブランドは自社のブランド価値を高めていきました。

【ヘリテージ（歴史）戦略　参考】

・エルメス公式サイト「6代にわたるアルチザン」

URL：https://www.hermes.com/jp/ja/content/272477-six-generations-of-artisans/

・ルイ・ヴィトン公式サイト「ルイ・ヴィトンの世界」

URL：https://jp.louisvuitton.com/jpn-jp/magazine

イメージ戦略は、ラグジュアリーブランドだけのものではありません。カジュアルブランドで、世界観を上手に表現している企業もご紹介します。

・マリメッコ

URL：https://www.marimekko.jp/our-world/art-of-printmaking

第3章　まとめ

- □ ラグジュアリーブランドとは、高品質・高単価の商品を扱う、歴史のある会社
- □ デザイン・品質・体験の３つの要素がブランド価値を高めてくれる
- □ 模倣品対策で一般化を防ぎ、ブランド価値を守ろう
- □ ブランドの歴史や商品のストーリーが人を惹きつける魅力になる
- □ 芸能人やスポーツ選手が使うことで、ブランドイメージが上がる
- □ 演出や丁寧な説明で商品の価値を高めよう
- □ 「ダサい」イメージがつなかいようにすることが、ブランド価値を守る

第4章　イメージ戦略によるブランディングが成功のカギを握る

1　ユニクロから学ぶ「うまくいくイメージ戦略」とは

●世の中のイメージをCMで一新した

イメージ戦略の話のなかで、外せない日本企業はユニクロです。

ユニクロ代表の柳井正社長が自身のインタビューで振り返ったとき、当時のユニクロへの印象は「田舎から出てきた安売り屋」だったそうです。

いまから20年ほど前のCMを覚えている人はいるでしょうか？

そのCMでは、ユニクロの店舗にやってきた1人のおばちゃんが、なんと突然レジの前で着ていた服を脱ぎ出すのです。

「ちょっと兄ちゃん、これ替えて。おばん臭いんやねん。ほんでな、な、ちょっと替えて」

この見たくもないおばちゃんの半裸CMに、いったいどういったメッセージが込められているかというと、

「ユニクロは、理由を問わず返品交換します」

という当時のコンセプトをあらわしていました。

当時はファッション雑誌にも掲載されていましたが、品質はよいけれど、安くてダサいというイメージは変わりません。そのため、「ユニバレ」「ユニ被り」という言葉まで生まれました。

・ユニバレ…大勢の消費者が持っているユニクロを、自分も着ているのが恥ずかしい、という意味
・ユニ被り…着ていたユニクロの服が、ほかの人と被ってしまうという意味

しかし、現在のユニクロは、イメージを変える戦略が功を奏して、若年層を中心に、「おしゃれ」というイメージを持つ人のほうが多いようです。

このイメージの大転換は、多くの日本企業にとってブランド構築のヒントになるでしょう。

2　ユニクロとジル・サンダーのコラボは世間を驚かせた

●ハイブランドとのコラボはブランド価値が対等な証になる

ユニクロのイメージが変わったのは、ハイブランドのデザイナーとのコラボがきっかけでしょう。

たとえば、ジル・サンダー（Jil Sander）は、ドイツ出身のデザイナー、ジル・サンダーが設立したファッションブランドです。１９６８年、ドイツ・ハンブルグに、ブティック・ジルサンダーをオープン。「Design Without Decoration（装飾なきデザイン）」をコンセプトに、洗練された、繊細で美しいシルエットの、ミニマルなデザインが特徴のブランドでした。

１９８７年にミラノコレクションで脚光を浴び、一気にトップブランドの座へのぼりつめ、世界的有名ブランドとなったジル・サンダーは、１９９７年にメンズウェアラインをスタートし、プー

マ（PUMA）とコラボレーションしたレザースニーカーも発表しています。

ところが1999年に、ブランドの絶頂期にあったジル・サンダー社は、強力な経営パートナーシップを求め、プラダグループが株式全体の75%を取得するかたちで買収され、プラダ系列ブランドとなりました。

ジル・サンダーは、服づくりに対してはとても厳しく、「鉄の女」と呼ばれるほどでした。その「素材の品質を落としたくない」と一切妥協を許さないジル・サンダーと、素材のコスト削減を求めるプラダグループと意見が対立し、2000年創業者ジル・サンダーが退任しました。

その後、ジル・サンダーはユニクロとコンサルティング契約を結んだ際、次のようなメッセージを残しています。

「多くの提携依頼がありましたが、わたしは完璧主義の慎重派なので、めったに応じませんでした。ユニクロからの話には驚きましたが、経験や技術をこれからの時代に生かせる、もっとも適切で革新的な企画ではないかと気づきました」

「ユニクロは高機能素材をつくり、世界の適所で生産して低価格を実現しています。力を合わせれば、美しく快適で、シンプルさのなかに知性やぜいたくさが感じられる服がつくれるのではないか。それこそまったく新しい、近未来のファッションだと思いました」

「人々の関心は、食や生活品などにあり、高級服はあまり売れなくなりました。iPadのように世界中の多くの人が普通に買える、洗練された規格品が服にも必要です。わたしは、ベーシックで身体にフィットするTシャツやジャケット、コートをつくりたいのです。値段は、いままでの服の100分の1くらいだけれど、最新の技術があれば実現できます。この仕事はわたしから人々への贈り物なのです」

こうして、ユニクロは高品質低価格を武器にハイブランドのデザイン性をも手に入れることができました。

●「＋J（プラスジェイ）」の発表でイメージが変わる

ユニクロは、ジル・サンダーが手掛けた、「＋J」というシリーズを発表します。発売当日、ユニクロ店舗には行列ができました。デザイナーのジル・サンダーを知っているのは、一般人というより、セレクトショップなどのオシャレな人たちです。売っている服はジル・サンダーがデザインして、お店に並ぶ人はオシャレショップの店員たちです。高額なジル・サンダーの商品を、ユニクロ価格で購入できるからたくさん売れますし、デザイン性も高いのでイメージもよくなります。

もし仮に、その行列の前で、「ユニクロはダサいよね」なんて言ったら、服はよくても、ダサいのを着ている人になってしまうでしょう。この戦略は大成功といえます。

●クリストフ・ルメールによってシリーズが増えていった

そのほかに、ユニクロとコラボしたのは、クリストフ・ルメールです。

1933年に創業したラコステ（LACOSTE）は、創業者であるルネ・ラコステの死後、低迷していました。そんなラコステを復活させたのが、クリストフ・ルメールでした。

2000年からラコステのアーティスティックディレクターに就任し、ラコステ本来のよさを残しつつ、クリストフ・ルメールらしいデザイン性と、機能性を加えたことが高く評価されます。

鮮やかな色使いやエッジのあるシルエットは、ラコステに新たな風を吹き込み、それまでスポーツブランド・カジュアルブランドというイメージだったラコステに、スタイリッシュな要素が加わりました。それまでニューヨークでコレクションを発表していましたが、クリストフ・ルメールの影響でパリコレクションにも出展するようになりました。

そして、クリストフ・ルメールのもっとも有名な功績は、2010年から2015年の間、エルメスのレディースウェアのアーティスティックディレクターを務めたことです。

クリストフ・ルメールが手掛けた時期のエルメスは、ミニマルさと機能性、経年変化が楽しめるデザインにエルメスを回帰させたとして一定の人気を博しています。

そのクリストフ・ルメールが、ユニクロとコラボするというニュースは、多くのファッション関係者を驚かせました。これは、ユニクロのコンセプトである「ＬｉｆｅＷｅａｒ」と、クリストフ・ルメールが手掛けるミニマルで機能的なデザインがマッチしたため実現したそうです。クリストフ・ルメールが手掛けるライン（現ＵＮＩＱＬＯ　Ｕ）は、パリの拠点でデザインされており、アーティスティックディレクターをクリストフ・ルメールが務め続けています。

「ＵＮＩＱＬＯ　ＡＮＤ　ＬＥＭＡＩＲＥ」として、２０１５年にはじめて発売されましたが、２０１６年には新ライン「ＵＮＩＱＬＯ　Ｕ」をスタートさせ、現在もコラボは続いています。

●ダサいブランドイメージからの脱却！

世界の一流のデザイナーがデザインしている服は、モデルも、カッコいい外国人が多いのもポイントです。

オシャレな服をオシャレな人たちが着ているのですから、「わたしもああなれるのかな？」とイメージして購入する人が増えていき、自然とダサいイメージは払拭されていきました。

（例）ユニクロとコラボしたブランド一覧

・JW Anderson（ジェイ・ダブリュー・アンダーソン）
・Marni のコラボ
・アンダーカバー／高橋盾（ＵＵ）
・イネス・ド・ラ・フレサンジュ
・クリストフ・ルメール（UNIQLO U）
・HANA TAJIMA(HANA TAJIMA FOR UNIQLO)
・marimekko
・トーマス・マイヤー（tomas maier and uniqlo）

・アレキサンダー・ワン（UNIQLO and alexanderwang）
・リナ・シン「クルタ・コレクション」
・ＭＡＭＥ／黒河内麻衣子（Uniqlo and Mame Kurogouchi）
・White Mountaineering／相澤陽介（UNIQLO and White Mountaineering）
・MARNI（UNIQLO and MARNI）
・クレア・ワイト・ケラー（UNIQLO:C）
・コントワーデ・コトニエ
・プリンセスタムタム
・UNIQLO × Theory
・UNIQLO and ヘルムートラング

3　ハイブランドとカジュアルブランドがコラボできる理由とは

●ユニクロは海外でも広く認知されている

ユニクロには「日本企業」というイメージが強いですが、日本国内では８００店舗、海外は１５００店舗を超えています。

中国では８００店舗を超え、韓国でも１００店舗を超えています。また、アメリカに40店舗超、フランスには20店舗超を展開し、現在は世界的なアパレルブランドになっているのです。

つまり、ユニクロには、それだけの知名度があります。

アパレル業界を問わず、最近は流行の移り変わりが早くなっています。とくにアパレル業界はSNSの影響もあり、急激に流行り・廃れていきます。有名ラグジュアリーブランドでも、決して安定しているわけではありません。

ラグジュアリーブランドには歴史がありますが、ユニクロの歴史はまだ長くありません。しかし、有名デザイナーよりも、ユニクロのほうが知名度を持っています。

いくら有名デザイナーといえど、オシャレに興味がない人には認知されにくいものです。ラグジュアリーブランドを経験したデザイナーを起用することで、ユニクロは、ブランド価値を上げることができる代わりに、デザイナー側はユニクロのお陰で認知度が広まり、さらに、高額な契約金が提供されると考えられます。

そうして、お互いに経営を安定させていくのです。

このように、歴史のない企業と歴史や知名度のある企業のコラボレーション商品は、お互いのシナジー効果を期待できます。

もし、あなたの会社に歴史があるのなら、知名度のある企業とのコラボを検討し、知名度はあるけれど歴史のない企業は、歴史のある企業とのコラボした商品やサービスを考えましょう。

●有名人の起用でイメージアップをはかる

ユニクロは、さらに広告に有名人やスポーツ選手を起用しています。ローラがジョガーパンツを穿いていたり、満島真之介がエアリズムの下着を着ていたり、吹石一恵がブラトップを着ていたり、錦織圭、桑田佳祐、ノバク・ジョコビッチなども起用してきました。

(例)ユニクロが起用した芸能人・有名人(五十音順・敬称略)

・新垣結衣
・杏
・上野樹里
・香椎由宇
・栗山千明
・黒木メイサ
・小池栄子
・酒井美紀
・佐々木希
・佐藤江梨子
・多部未華子
・土屋アンナ

・中谷美紀
・夏木マリ
・吹石一恵
・藤原紀香
・辺見えみり
・松下奈緒
・松任谷由実
・松雪泰子
・山口智子
・山田優

4　何を着るかではなく誰が着るかが、ブランドイメージを左右する

●ダサいイメージを持たれない工夫が必要

繰り返しになりますが、服はダサい人が着ればダサくなり、カッコいい人が着ればカッコよくなります。

ですから、商品は「誰が何をどんなふうに使っているのか」ということが重要なのです。

以前、木村拓哉が着ていた服をわたしが着たらダサくなってしまったことがありました。もしわたしがモデルだったとしたら、人気が下がってしまったでしょう。

テレビドラマで俳優さんが着ていた服が流行ったり、ハリウッドスターが着ていた服が流行ったりするのはよくあることですが、流行の多くは「人」がつくり出しているものなのです。

ですから、できるだけカッコいい人を起用して、商品やサービスを宣伝し、カッコいい人たちに使ってもらいましょう。

ブランドイメージの構築のなかでも、とくに「誰が使うのか」はとても重要なポイントなのです。実際、わたしの友人で、イタリアで添乗員をしている人は、格安でブランド品を購入することができるといっていました。

それは、添乗員が身につけているモノを見た旅行者から「それはどこで売っているの?」と尋ねられることが多く、売上につながるからだそうです。

これは、着用しているイメージが伝わりやすく、かつ、

「あの添乗員の人みたいになりたい」

と思わせる効果があるからでしょう。

それほど、「人」の持つ宣伝効果は大きいものなのです。

●これからの時代はイメージ戦略で差別化をはかる

あらゆるものは模倣されますが、ハイブランドの歴史で学んだように、参入障壁が低いモノほど模倣されやすくなります。

でも、コンテンツは模倣されても、あなたのイメージや世界観は簡単に模倣できません。

もし模倣されても、

「どうぞダサく模倣してください」

「あなたもダサくなりますよ。わたしたちは、ワンランク上のカッコよさですから」

と心のなかで思えばいいのです。

流行はカッコいいと思われることから広まり、ダサいと思われ始めると廃れます。ダサいモノは流行らないし、敬遠したい気持ちにもなるのです。

そして、一度ダサいというイメージがついてしまうと、それを払拭するのはとても難しくなります。

また、第４章の最初にお話ししたユニクロの例のように、大量消費され尽くすと飽きられてしまうものです。

その商品やサービスを利用するときに、カッコいいと思ってもらったり、ワクワクしたり、非日常感を感じてもらうような演出を大切にしましょう。

それが、これからの時代を生き残るために必要な、ハイブランドマーケティングなのです。

●特別感がブランド価値を高めていく

人は、高級ホテルに宿泊したとき、高級品を購入した時や身につけたとき、オシャレなお店で高額なモノを食べたとき、高額なサービスを受けたときなどは特別な感じがして、気持ちが上がるものです。

何かを購入したときに、特別感を感じるお買い物も嬉しいものでしょう。

多くの日本企業は、それを演出することが大切です。

たとえば、ファストファッションもオシャレな洋服が並びますが、購入しているときのワクワク感は少なめです。

それに対して、人気ブランドは、オシャレな店員がいる、ほかと違う、少し高い、希少性がある、入店時も購入時にもワクワクするはずです。

また、住宅会社で「デザインのよい住宅にこだわっている」と謳っているのに、設計担当や営業担当や既存のお客様のイメージ画像が、オシャレでなかったり、カッコよくないと、

「本当にデザインのよい住宅かな?」

「自分も同じになるのかな?」

と不安な想像をしてしまうかもしれません。

その反対に、オシャレなお店でオシャレな店員に接客してもらえば、住宅の購入も気分が上がるでしょう。

●ブランドの世界観で特別感を演出する

お買い物は本来楽しいものですから、購入の際に、ワクワクする演出は大切です。

高級店は、お店の前のディスプレイも頻繁に変え、お店も広くて天井も高くゆったりしています。購入しなくても、入るだけでワクワクする空間を演出しているのです。

また、日本人は品質やサービスへのこだわりが強い一方、カッコいいイメージに抵抗を感じる人も多く、実際にイメージ戦略を取り入れている企業はごくわずかです。

でも、人は同じ品質や効果や価格ならカッコいいほうから買うでしょう。

カッコいいイメージ戦略に抵抗を感じる人も、購入者側になったときはカッコいいほうを選んでいるはずです。

スマートフォン、趣味のモノ、スポーツ用品、洋服など、お気に入りのモノはカッコいいと思って愛用しているはずです。

また、人気スポーツ選手の関連グッズが売れたり、ファッションを真似したりすることからもわかるように、自然と人はカッコいい人に憧れます。そういうものなのです。

あなたが開発した商品やサービスが誰かに模倣されたとしても、あなたのほうがカッコよければ、お客様はあなたの商品を選びます。そして、それを利用している人がカッコいいのを見ても憧れます。

ユニクロもファストファッションですが、店内に飾られているモデルさんの写真を見ればカッコいい外人が並んでいますし、ハイブランドやセレクトショップなどの店員たちも、たいていオシャレです。

現在はＳＮＳで誰でも手軽に発信できるので、あなたの商品やサービスを利用している人にも、カッコいいイメージを発信してもらいましょう。

5　自分たちでブランドイメージをつくっていく

●「誰のため」のブランドですか？

ラグジュアリーブランドの多くは、誰に届けたいのかが明確に決まっています。

たとえば、わたしがイタリアに旅行に行ったとき、あるレザーをつくる工房のお店に立ち入った際に、「何をつくっているのか？」と職人に話しかけてみました。

そのときに返ってきた言葉は「北欧の貴族のための商品だよ」という返答です。

そのお店は、高級品を取り扱う工房で、上流階級向けに特化していたのです。

わたしは、この返答にとても驚きました。

それは、日本製品は「誰に向けて」という要素がない場合も多く、不特定に向けて商品開発をされているからです。

前の章でお話しした、セイコーの場合、一般シリーズは安くて誰でも身につけられる価格帯で販売し、グランドセイコーは高価格で販売されています。

しかし、セイコーのイメージが強いために、せっかくお金を出して高級品のグランドセイコーを身につけていても、時計は詳しい人でなければ、違いがわからないことも考えられます。せっかく高いお金を出して購入したのに、安物だと思われたら悲しいものです。

このことから、「誰のための商品なのか」というイメージを持って商品をつくることの大切さがわかるでしょう。

とくに日本企業は、「誰のため」という視点でブランドイメージをつくることが求められているのです。

●エルメスはブランドイメージの発信を戦略的に続けてきた

エルメスは、ラグジュアリーブランドのなかでも格上で、商品も数百万円くらいのモノを扱っています。

エルメスは元々馬車の馬具をつくっていたメーカーです。馬車は貴族が乗るものですから、貴族に向けたアイテムづくりをしていました。

ヨーロッパでは現代でも階級社会が残っています。ベンツ、ＢＭＷは高級車ですが、アストンマーチンやロールスロイスとは少し違います。

一般人の場合、車は移動手段です。

では、貴族の場合は、どうでしょうか?

アストンマーチンやロールスロイスは、貴族に向けてつくっている車ですから、徹底的にすべてを最高水準につくらないといけないという「貴族思考」を持つブランドなのです。そのため、通風口やスイッチなど細かな場所まで徹底的にこだわっています。

その会社がどんな特徴を持ち、どんな設計思想で、どんなアイテムをつくるのかは、ブランドイメージにつながっているのです。

エルメスのバッグが少し大きめなのは、馬具を入れる鞄から始めたなごりです。

そして、エルメスは貴族に向けてつくられていて、いまもそのスピリットが残っています。ですから、ラグジュアリーブランドのなかでも特別なのです。

また、ルイ・ヴィトンもトランクから始まったメーカーなので、旅行にもとづいた商品展開をしていて、「旅行ガイド」のように、旅行をイメージさせる本を出版しています。現在も、貴族や富裕層向けに特別なトランクもオーダーでつくっています。

創業から一貫して、コンセプトを受け継いでいるのです。

わたしたち日本企業も、ラグジュアリーブランドを見習って自分たちが届けたいイメージを決め、イメージを表現するメッセージを決めましょう。

それを繰り返し発信し続けることで、ブランドストーリーがつくられていくのです。

6　一時期大流行したことで窮地に陥っている日本の人気ブランド

●大量生産・大量消費ではブランドの価値が下がってしまう

日本で一時期大人気だった、サマンサタバサ（Samantha Thavasa）は、現在、8期連続で赤字となっています。

サマンサタバサについては、多くの経営コンサルタントが注目し、その原因を分析しています。

・事業の「多角化」による失敗
・コロナ禍の外出自粛によるバッグの売上の低迷
・アパレル事業への進出の失敗
・低価格帯ラインの増やしすぎ
・トレンドとの乖離

このような点を指摘する専門家も多くいます。

サマンサタバサといえば、人気絶頂期にCMに起用されていた蛯原友里（エビちゃん）や、ミランダ・カーの肩出しワンピースにピンヒールなどの「女性らしいファッションに似合うバッグ」というイメージが強いでしょう。

しかしいまは、当時のようなファッションの女性を見かけることがほとんどありません。

このように、人気を誇ったブランドが衰退するのには、さまざまな要因があります。ただ、一時期の流行では終わらず、多くのファンに愛され続けているブランドがあるのも事実です。

このような差は、いったいどこで生まれているのでしょうか？

ここまでさまざまなブランドの歴史を見てきた方には、ピンときているかもしれません。

それは、ズバリ、低価格帯ラインの商品が大量に出回ったことでブランド全体の価値が下がってしまったという点です。

●「ダサい」イメージはブランドにとって命取りになる

当初のサマンサタバサのイメージは「エビちゃんが広告をしている、女子がほしいと思う憧れのバッグ」でした。

ところが、一時期に大量に売れすぎてしまったことで、「女子がみんな持っている、ダサいバッグ」となってしまったのです。

サマンサタバサのバッグは、高価格帯であっても5万円ほどですから、ブランドバッグとしては「求めやすい」価格帯になります。

気軽に買えるモノは売上が見込みやすい一方、憧れのブランドとしての価値がなくなってしまい、ただのメーカーにもなってしまいやすいという点もあるのです。しかも、一度「ダサい」「安っぽい」

というマイナスイメージがついてしまうと、どんなによい商品であっても、なかなか売れなくなってしまうのです。

ハイブランドでは模倣品との戦いでしたが、サマンサタバサでは、自社の低価格帯ラインで一般化が起きてしまったのでしょう。

日本のなかでは、高品質で安価なモノが好まれるという市場イメージが強いため、ほかのブランドにとっても他人事ではありません。

ブランドの一般化と「ダサい」イメージを避けるためには、ブランドイメージを下げないよう、高品質、高価格帯で希少性を維持する必要があります。

また、ラグジュアリーブランドでは、低価格のアイテムは化粧品や財布というように、高価格のモノと分けて展開しているように、ブランドへの「夢」や「憧れ」を持ってもらえるような工夫が大切です。

●ジュエリー業界でも大量消費は業績悪化を招く

ジュエリーブランドの４℃も、お手頃な価格帯で安価な素材を扱ったために、現在はブランドイメージ自体が悪くなってしまいました。

以前の４℃は、ライバルブランドの業績が低迷するなかで、１人勝ちといっていいほど、爆発的に売れていたブランドです。

しかし、16年をピークに、現在は、5期連続で売上高も営業利益も減少し続けています。その原因も、大量消費による、ブランドイメージの低下でしょう。

「ダサい、安っぽい」というだけでなく、「クリスマスに、いい大人が4℃をプレゼントするのはいかがなものか」という意見が出ているそうです。

4℃を展開するエフ・ディ・シィ・プロダクツグループの瀧口昭弘社長は、雑誌で次のように話していました。

「4℃は、ジュエリー業界の大手ブランド。価格が手ごろで、ブランド名が世の中に浸透していることから、男性が『このブランドを贈っておけば間違いないだろう』と相手の好みを十分に把握せずに贈れるギフトとして、フォーカスされてしまった」（出典：『日経クロストレンド』／2023年12月8日／石飛 大和（著）／「匿名宝飾店」で再注目の4℃過去の反省生かした新ブランド開発／日経BP／https://xtrend.nikkei.com/atcl/contents/watch/00013/02375/）

残念なことに、「女子がもらって喜ぶジュエリー」としての地位が確立したことによって、「男たちが安パイなプレゼントとして買い求めるお手軽なジュエリー」という事態を招き、ブランド価値が暴落してしまったのです。一時期の流行に合わせて、「売れるときに大量に売る」という手法は、消費者を飽きさせてしまう、危険なモノだということがわかります。

自社の大切な商品、ブランドイメージを守るためにも、「ダサい」イメージがつかないように、一般化に注意しましょう。大量に販売しすぎて消費されてしまわないことが大切です。

7　シェアの拡大でブランド価値が落ちるブランド・落ちないブランド

●価値が落ちないブランドは、ダサいイメージを持たれないようにしている

一般化で業績が悪化してしまうリスクは、一般企業はもちろん、ハイブランドにもあります。

じつは、世界5大ジュエリーブランドの1つとまで称えられたティファニーも、同じようなことがありました。

ブランドとして栄華を誇っても、爆発的に売れてしまうと「みんなが持っているダサいもの」という一般化が進行し、ブランド価値が地に落ちてしまうのです…。

ティファニーは過去に一度安価な商品を大量につくり爆発的に売れたことで、高価格帯を購入していたお客様が買わなくなってしまいました。

「オードリー・ヘップバーンが、映画のなかで憧れていた高級ブランド」というイメージから「みんな持っているちょっと質のいいベタなブランド」というように、ブランドへの憧れや価値が薄れてしまったのです。

その結果、業績が低迷し、ブランドを守るためにＬＶＭＨグループの傘下に入りました。

ブランドイメージを守ることが、結果的にブランドを守ることにつながるのです。

●ブランド価値が下がらない「ナイキ」

一方ブランドイメージが下がらない企業もあります。その際たる例が、ナイキです。

世界最大級のブランド価値評価機関である、イギリスのブランドファイナンス社は、『ブランドファイナンス　Apparel50　2023』で、アパレル企業のブランド力を数値化したランキングを発表しています。ナイキは、ルイ・ヴィトン、グッチ、シャネルといった名だたるラグジュアリーブランドを抑えて、９年連続ナンバーワンを獲得しています。

しかし、ナイキのイメージは、低価格で購入できる「大衆ブランド」という人も多いのではないでしょうか。

現在、小学生の子どもでもナイキの帽子や靴を履いています。それほど、手に入りやすいブランドなのです。

ところが不思議なことに、渋谷で歩く若者が、ナイキの服やスニーカーを身につけていて、「ダサい」「安っぽい」と思われることはほとんどありません。

むしろ、ハイブランドの服に合わせて、あえてナイキのスニーカーを履いている若者もいるくらいです。

これはナイキが、「ラグジュアリーブランド」という一面をしっかり打ち出して守ってきたからにほかなりません。世界ナンバーワンのラグジュアリーブランドという地位と、ナイキの「Just Do it（やるだけ）」という尖ったブランドアイデンティティーが、現在のブランド価値を高めているのでしょう。

・一般層　…　子どもや若者も手軽に身につけられる、低価格のスニーカーやTシャツ
・富裕層　…　ブランド価値を体現し続ける、希少な高級なスニーカーやスポーツアパレル

このように、しっかりとイメージを分け、高級化したイメージも定着しているからこそ、スポーツ店で２９８０円のスニーカーがあってもナイキの価値は下がらないのです。

ブランディングに力を入れることで、安定した経営ができるようになっていくでしょう。

8　ナイキは希少性でブランドの価値を高めている

●人気は自分でつくり上げるモノ

高級化を目指す際、「売れなくても高価格にしてしまえばいい」と安易に思ってしまうかもしれませんが、そのような簡単な話ではありません。

高価格帯に見合う価値があると思われなければ、ビジネスとして成立しないのです。

つまり、ナイキは高価な価格に見合う価値があると思われているということです。

雑誌『Forbes（フォーブス）』のランキングによると、ナイキは、２０１６年にルイ・ヴィトンを超えて「世界でもっとも高級なアパレルブランド」になりました。

また、２０２２年にルイ・ヴィトンとコラボしたスニーカーは、約34万円、43万円という価格帯

にもかかわらず、売上は非常に好調でした。

これらの実績は、消費者が「ナイキには高い金額を払う価値がある」と感じているという何よりの証でしょう。

これを実現しているのは、高級化と希少性のバランスです。

ナイキのレアモデルのスニーカーは、プレミアがつき、コレクターの間では数百万円で取引されることもあるほどです。

「ナイキのレアスニーカーがほしくてたまらない！　でも、手に入らない！」という希少性が、ナイキのブランド価値を上げ、高級品たらしめているのでしょう。

人は希少なモノや手に入らないレアなモノに高い価値を感じるため、たとえ高価な価格設定であっても「その価値がある」と考えます。その反対に、大量にあるモノは、手に入りやすいため、同じ価格でも「高すぎる」と感じるものなのです。

ナイキが実現している高級化と希少性のバランスは、簡単に真似できるものではありません。真似ができないからこそ、ナイキは「世界でもっとも高級なアパレルブランド」の地位を維持し続けているのでしょう。

●自分で希少性を下げ、価値も下げていませんか？

ナイキの例でわかるように、ブランド価値を高めるためには、大衆に認知されることと供給量のバランスが大切です。しかし、日本の多くの企業は、ニーズに合った供給のために大量に生産できるように努力する傾向があります。

わたしが出会ったアクセサリー業者の場合、かわいいアクセサリーを手づくりし、ネット販売していました。とても根強い人気があるにもかかわらず、経営はうまくいかず、商品も売れなくなってきているという相談を受けたため、確認したところ次のようなことがわかったのです。

(1) ほしいというお客様を悲しませたくないので、これくらい売れるという想定数より、２〜３割多くつくっている

(2) 売れ残ったモノは、定期的に「感謝セール」を開催し、半額で販売している

これまでお話ししてきたハイブランドの戦略とは、真逆の行動をしていることがわかるでしょうか？

お客様のためを思って行ったことが、商品の価値を下げてしまい、「ほしいモノはセール品で買えばいい」とお客様に思わせてしまったのです。

しかし、このアクセサリー会社の考え方は、日本では珍しくありません。

多くの日本メーカーは、商品が売れ始めると多少無理をしてでも生産量を増やし売ろうと努力するのです。そして、供給過多で売れ残るようになると、在庫一掃セールで自ら価値を下げ、価格を下げなければならない状況をつくり出しています。

在庫がないことで販売の機会損失を怖れるあまり、自分で商品の価値を下げていないか、振り返って見てください。

●日本は機会損失を避けようとしすぎている

日本では、多くの企業が機会損失を極端に嫌っています。

たとえばコンビニエンスストアもそうです。棚にいつもお弁当やおにぎりが並んでいる状態を保つために多めに発注し、賞味期限切れのモノは店舗が負担して廃棄しています。

食品ロスなどの問題が取り沙汰されるようになったことで、世間から「食べられるのに捨てるのは問題だ」と批判され始め、ようやく、セブンイレブンでは賞味期限切れ間近の食材を「ポイント還元」で販売するようになりました。しかし、これほどまでに機会損失を怖れる考え方が、大量生産、過剰消費につながり、ブランド価値の低下や、社会問題を起こしています。

こういった面からも、機会損失を避け、大量生産をしてしまう文化は、日本の課題になるでしょう。

9　ほしい人数よりも1台少なく売る

●販売側からブランドの価値を上げることができる

お客様のニーズ以上に生産、供給するのが日本企業の考え方だとすると、その反対に、お客様のニーズより少し少なく提供することを徹底しているのが、ラグジュアリーブランドのフェラーリです。

ここで、イタリアを代表するブランド、フェラーリの歴史も少しだけご紹介しましょう。

創業者のエンツォ・フェラーリは、もともとレースドライバーでした。そのため、彼はレースの資金調達を目的に、車の販売を始めたのです。

当初は少しでも資金に充てる金額を増やすため、車の遮音や空調などの完成度にはこだわらず、設計や生産も委託し、最後にフェラーリのロゴをつけるだけだったそうです。そのため、車の品質や信頼性などは、日本車やドイツ車のほうが優れていたでしょう。

しかし、購入者は、その売上はフェラーリのF1活動の支援につながると知っていたため、数千万円~1億円の高価格でも売れていました。

お客様は車の性能ではなく、「F1レースで勝ち続けるフェラーリのマシンを周囲の人に見せること」に価値を感じていたのです。

これが、現在もフェラーリが特別な車だといわれる由縁でしょう。

ところが、フェラーリのトップにルカ・ディ・モンテゼーモロが就任したことで、フェラーリは「全世界から最高の部品を集約し、最高品質を目指す」という方針に転換をしていきました。

そして、制作された限定モデル「スペチアーレ」は、過去にフェラーリを最低数億円で買った顧客のなかで、厳重な審査を通った人のみが購入できるというように、希少性を高めてリリースされたのです。そのほかにも、２０１３年発表の「ラ・フェラーリ」は1台1億６０００万円にもかかわらず、限定４９９台が発売前に即完売しました。

●顧客を選ぶことでブランド価値を守っていく

「ラ・フェラーリ」の販売台数のキリが悪く、気になった人もいるのではないでしょうか？

1台少なく販売するのは、希少価値を高めるための戦略です。

もともと創業者のエンツォ・フェラーリは、日頃から「ほしがる客の数よりも1台少なくつくれ」と語っていました。

エンツォ・フェラーリは、正確な既存顧客リストをもとに、何台売れるかを見極め、生産台数をそれより1台少なく設定したうえで、販売価格を決めていたそうです。

こうすることで、不特定多数のお客様に興味を持ってもらう必要がないため、宣伝販促費用もかかりません。エンツォ・フェラーリは、とても優れたマーケターでもあったのです。

一度だけ、それをしなかったのは「フェラーリF40」というモデルです。

当初は４００台のみの販売予定でしたが、あまりにも人気だったため、増産を重ねた結果１０００台以上を生産しました。すると、中古市場に大量のF40が出回ってしまい、フェラーリの特別感が消えてしまったのです。

そこで、後継のF50は「限定生産台数３４９台」と発表され、すぐ転売しなかった優良顧客のみに販売しました。即完売でしたが、これ以降増産はされていません。

このようにして、優良顧客を大切にし、ブランドイメージを高めていく、フェラーリのビジネスモデルが確立していきました。

フェラーリは基本的に、売り込みをしません。

むしろフェラーリ側から顧客を選び、優先して購入できる仕組みになっています。

そのため、新規でフェラーリを手に入れたい人は、代理店に「買わせてもらえますか？」と連絡を取るところから始めていく必要があります。これが、フェラーリのブランド価値をさらに高めているのです。

●自分で希少価値を生み出す方法とは

自分でブランドの価値を高める方法を考えてみましょう。

フェラーリの手法は、車以外のモノにも通用するマーケティング方法です。

ここでは、より身近なモノを使って、考えてみましょう。

〔例題〕**貴重な日本酒を販売する場合**
・Aは、貴重な日本酒を11本だけ入手することができました（仕入値11000円）
・Aは、知り合いであれば自由に転売することが可能です
・Aから購入した人は、ほかに転売することはできません（自分で飲むorプレゼント）

以上3つの条件のもと、より価格を上げて転売します

(1)値切りされてしまうケース

・Aは、日本酒好きの知り合いが10人います

・「とても貴重な日本酒が手に入ったから、1本2万円で買わない？」と声をかけましょう

・9人が1本2万円で購入、日本酒は2本残っています

・10人目は、仕入価格を知っていたため、「仕入値11000円であれば買う」と金額交渉してきました

・Aには、ほかにこの日本酒の価値を理解して購入してくれる人はいません

↓このような状況になると、買い手の立場のほうが強くなります。Aは値下げ交渉を受けなければ、日本酒をお金に変えるため、値下げを受け入れなければならないでしょう。

(2)こちらの言い値で販売できるケース

・Aは、日本酒好きの知り合いが10人います

・Aは日本酒を2本飲み干したため、手元には9本しかありません

・「とても貴重な日本酒が手に入ったから、1本2万円で買わない？」と声をかけましょう

↓この場合、販売するAのほうが圧倒的に強い立場で交渉を進めることができます。

買い手からすると、もし自分以外の9人が先に購入したらもう手に入れることができません。

そのため、10人とも日本酒がほしい場合は、その場で、2万円の価格で購入するほかないの

です。あえて「ほしいと言うお客様よりも1つ少ない」状況をつくることによって、商品に希少価値が加わり、販売側のほうが有利に進めることができます。

フェラーリを見習って、あなたもこのようなビジネスモデルをつくりましょう。

10　「希少性の高いモノ＝価値の高いモノ」という心理を活用する

●人は、希少性の高いモノをほしくなる

「心理的リアクタンス」という言葉を聞いたことはありますか?

心理的リアクタンスとは、何かに自分の行動の自由を制限されそうになった（制限された）際に、自由を回復しようと動機づけられることです。

たとえば、宿題をしようとしたときに親から「宿題をやりなさい」と行動を強制されると、子どもは選択の自由を奪われたと感じ、

「いまやるところだったのに、やる気をなくした（やりたくない）」

という反発をします。これが、心理的リアクタンスです。

人が「希少性の高いモノ＝価値の高いモノ」と考えてしまうという心理も、心理的リアクタンスが働いています。

【「入手する機会が減る」↓「手に入れる」という選択肢が減る↓「嫌だ、ほしい」】

この心の働きを用いて、希少性をうまくつくり出しましょう。

●心理学を使って希少性を上手に高めていく

「希少性の高いモノ＝価値の高いモノ」とお話ししましたが、これは、お客様の「金額が高くてもほしい」というニーズがあって成立します。では、実際に希少性を上げ、価値を高めて販売に成功しているものには、どんなモノがあると思いますか？

1つ目は、農作物です。農業では豊作の際に、農作物の価格が下がりすぎないよう、流通する量を減らすという生産調整をしています。これが、大量生産をしないことで、一般化を防ぐことにもつながります。

もう1つは、ダイヤモンドです。じつは近年、ダイヤモンドの採掘量は増えているのですが、ダイヤモンドの流通を独占しているデビアスという会社が、価値が下がらないよう意図的に流通量を減らして調整しているのです。これらは、希少性を上げることで、利益を守っているよい例でしょう。

ただし、希少性ばかりを追求すると、今度は価格が高額になりすぎて、販売数にも影響が出てきます。売上は「単価×販売数」ですから、単価を上げても、販売数が伸びなければ売上につながりません。

そのため、ラグジュアリーブランドでは、富裕層向けの高級商品だけでなく、中間層向けの、多品種で小ロットの商品や、小物アイテム（財布、革小物など）の商品も取り揃えることで、安定した売上を保っています。

希少性でブランドや商品の価値を守りながら、上手に経営を安定させていきましょう。

【図表15　ラグジュアリーブランドで扱う商品】

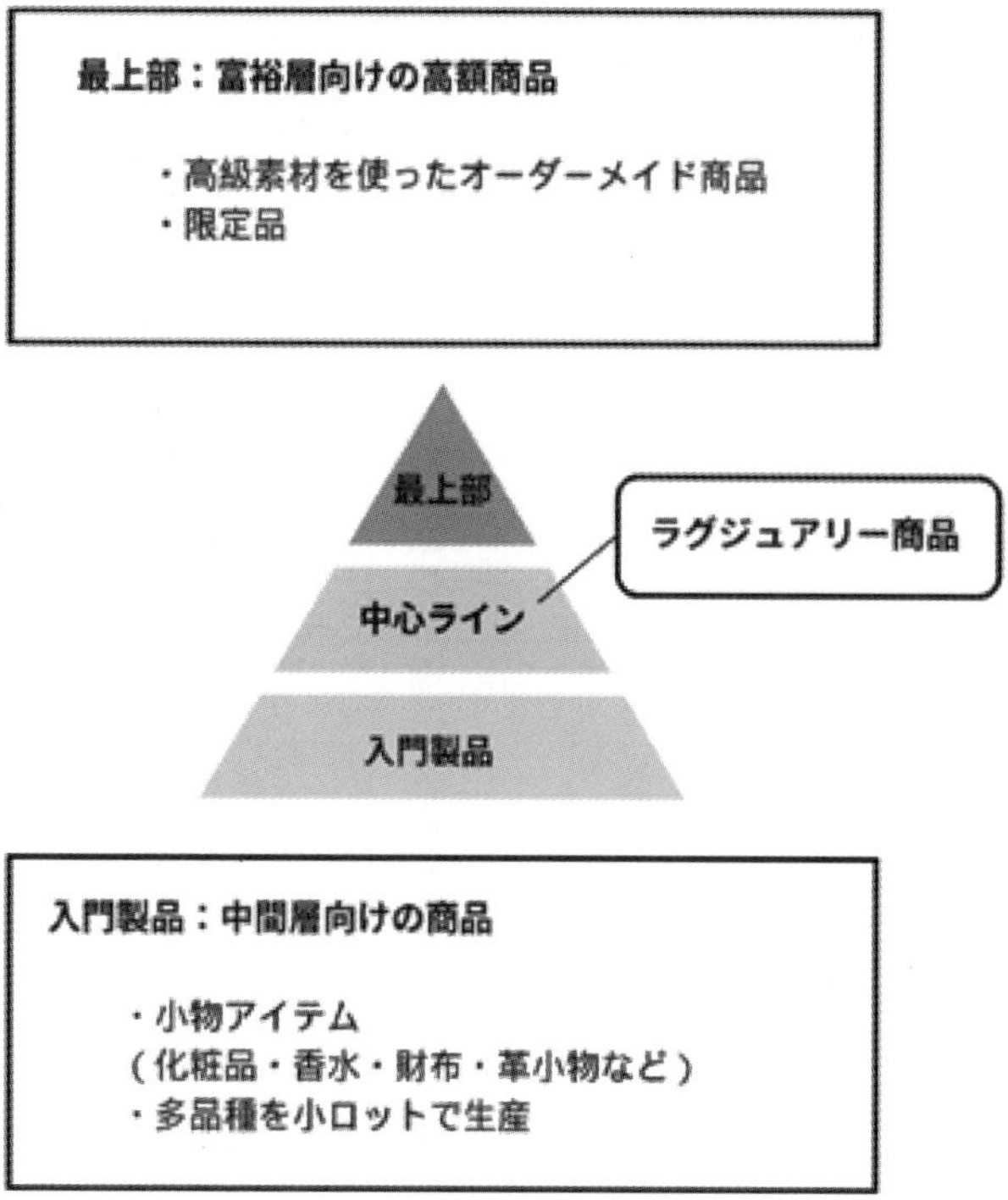

11　「差別化」の秘訣を海外ブランドから学ぶ

●プラダは新しい発想を取り入れて差別化をはかっていった

高級品を扱うブランドであっても、差別化は非常に重要なポイントです。

たとえばプラダの場合、もともとは１９００年代初頭に、希少性の高いワニやゾウのレザーを使用したカバンをつくったことでイタリア王室や上流階級に人気が出て、高級ブランドとして存在感を高めていきました。

ところが、第二次世界大戦が始まると、高級品に対する世間の考え方が変わります。希少性の高い高級品を身につけていることが時代にマッチしなくなり、ハイブランド業界全体が低迷していったのです。そんななか、ミウッチャ・プラダは軍隊が扱う素材ナイロンを用いた商品「ポコノ」を発表します。当時は革新的すぎて、社内でも批判があったそうです。

しかし、ミウッチャ・プラダは「ポコノ」によって、誰もが簡単に手に入れられないモノを高級品にするのではなく、日常生活で使用するモノを高級品に取り入れるという新しい概念をつくり出しました。人気が出るまでには、時間がかかりましたが、結果的にプラダの大ヒット商品になっています。

このようにして、扱う素材を変えるという発想の転換で、プラダは他ブランドとの差別化に成功しました。これまでのことから少しだけ変えるだけで、大きな成果があるということがわかります。差別化やブランディングというと、突飛なモノや、かけ離れた特徴をつくり上げるイメージがあるかもしれませんが、多くの場合、過去のモノを少し変える方法が一番現実的で成功しているのです。

●プラダは小さな挑戦を繰り返してきた

ミウッチャ・プラダは、その後も、伝統を守りながら時代に合わせた商品づくりに取り組んでいきます。

・サフィアーノレザー

細かい独特な筋模様の型押し加工を施した牛革に樹脂加工をし、水にも傷にも強い素材を用いたことで、レザー製品のポジションを獲得しました。

・カナパ

キャンパス地やデニム素材を使用したシリーズ。日常のファッションにも合わせやすく、普段使いしやすいところが特徴です。「高級品なのに日用品として使えるバッグ」として、若い女性に高い人気を誇っています。さらに、ミウッチャ・プラダは、プラダのセカンドラインとして、若い女性向けのお嬢様テイストの新ブランド、ミュウミュウも創り出しました。

このような小さな挑戦の繰り返しが、ブランドイメージをつくり上げ、差別化にもつながっているのです。

12　一般化したブランドから打開策を学ぶ

最後に、ラグジュアリーブランド・ハイブランドの歴史から、一般化してしまったブランドの復活方法を学びましょう。

●一般化に苦しんできたブランド「コーチ」の対策を知る

現在一般化に巻き込まれている日本企業にも、役に立つ点がたくさんあるはずです。

ここでは、低迷から復活を果たしたブランドの1つ、コーチをご紹介しましょう。

コーチは、1941年アメリカニューヨークで革製品の工房として創業しました。

グラブタンレザーという使い込むほどにしなやかさが増し、味が出るレザーを用いて、優れた職人技を活かした製品を次々に発表していったことで、高い評価を得ます。

さらに1960年代になると、それまでのかっちりしたスタイルとは異なる、軽やかなデザインを打ち出し人気を博します。そして、1980年代にアメリカ東海岸のプレップスクールのファッション、ブレッピーが流行った際、コーチは代表的なブランドの1つとして脚光を浴び、人気ブランドの地位を確立したのです。しかし、市場はますますカジュアル化が進み、1990年代あたりからコーチは勢いを失っていきます。

コーチが復活するきっかけになったのは、2001年に発表した「シグネチャー・コレクション」。

コーチの頭文字「C」の文字を組み合わせたグラフィカルな柄を取り入れた、キャンバス地のカバンです。また「シグネチャー・コレクション」は、accessible luxury＝手の届く高級をコンセプトに、高級ブランドの価格帯ではなく手頃な価格に抑えたこともあり、結果的に、大ヒットしました。

コーチは、ブランドイメージを一新し、ブランドを再生させていったのです。

●一般化を乗り越えるブランド力をつける

これまでご紹介してきたブランドと同様に、コーチは低価格帯のシリーズで人気が出たことによって、大量消費され、一般化が起きてしまいます。

ラグジュアリーブランドのアイコンは、認知を広めるためにとても重要な役割を果たしているのですが、街中に溢れすぎると、かえってブランドとしての「夢」や「憧れ」といった価値が下がってしまうことに…。

また、ブランド側で操作できないことですが「あんな人まで持っているんだ」というマイナスイメージがついてしまうと、イメージを覆すのはかなり難しくなってしまいます。

しかし、この一般化の問題はブランドが成長していくなかで避けては通れません。ここをどう乗り越えるのかが、ブランド力なのです。

これは、日本も海外も変わりません。ですから、海外のラグジュアリーブランド・ハイブランドの行ってきた対策を学び、取り入れていきましょう。

【コーチ】

・2001年、シグネチャー・コレクションが大ヒット

・「C」の文字を組み合わせたバッグを持つ人が増えすぎたことで、徐々に見飽きたコレクションになってしまった

・「手の届く高級品」のイメージではなく、「日常的な大衆品」となることを恐れ、ブランド再生のための打ち手を考えていった

〔対策〕

・「理念は変えずに、時代の変化に適応してブランドも変化する」という視点でブランドの原点に立ち戻る（最高級の革を用いた、機能性を備えたモダンな製品づくり）

・2010年代に入り、再び上質な革を使ったバッグを発売

・アパレルでは斬新なコレクションを発表

・2013年、ロエベのクリエイティブ・ディレクターだったスチュアート・ヴィヴァースを起用。ディズニーやセレーナ・ゴメスとのコラボレーションなどを発表している

【エルメス】

・1990年代終わり、キャンバス生地のトートバックを発売、品切れ状態になった

・商品が過剰に流通されブーム化することを予想し、いち早く対策を講じた

（対策）

・生産数と販売数をコントロールし、ブランドイメージが悪化しないようにした
・もともとキャンバス地のトートバッグは、リゾート地のビーチサンダル用に制作したが、リゾート地以外でも使用されるようになったため、使用方法はお客様の自由としつつも、ブランド理念を間違えてとらえられないように手を打っていった

このように、ブランドの対策を見ると、一般化し、悪いブランドイメージが広まる前に手立てを講じることが重要だということがわかります。

ブランドはそれぞれ目指す理念があり、ストーリーを持っています。しかし、一度誤った知識がつくと、本来の伝えたい想いや理念がかすんでしまうのです。

これからの時代は、それぞれの企業が、自らブランドの理念を発信し、ブランドイメージを構築していくことがますます重要になっていくでしょう。

第4章では、さまざまなラグジュアリーブランドをご紹介してきましたが、共通していえることは、商品の質を高める「職人」と合理的に利益を出す「マーケター」は、役割がまったく異なることです。拡大しているブランドほど、高品質で高級品であるだけでなく、希少性やブランドイメージの価値を上げることに力を注いでいます。日本のものづくりも、ブランドイメージの発信へ意識を向けることで、ビジネスが拡大していくでしょう。

第４章　まとめ

- □ 「知名度」のあるブランドと「歴史」のあるブランドのコラボはうまくいきやすい
- □ 「誰が使っているか」がブランドのイメージを左右する
- □ 日本企業は、大量生産・大量消費で、ブランドイメージを下げている！
- □ 「希少性の高いモノ」が「価値の高いモノ」になる
- □ 高級品を扱うブランドは、富裕層向けと中間層向けの商品バランスが重要
- □ 「マーケティング」と「職人」はまったく違う仕事だと心得よう

第5章　「ブランドイメージ」を演出する方法

1　店舗でブランドのイメージを表現する

●表参道のダイソンの旗艦店は世界観を体験することができる

ハイブランドは、さまざまな方法で、ブランドイメージをあらわす手法を取り入れています。たとえば、店舗の空間を使った演出、ショーや展示会といった作品の発表の場を設けることもその1つです。

サイクロン式掃除機で有名なダイソンの世界初旗艦店として、表参道に建てられた「Dyson Demo フラッグシップ表参道」では、日本の法令を遵守しながらも本国イギリスを彷彿とさせるような店舗をつくり出しました。

店舗内は映像で囲まれていますが、商品数が少なく広い空間は、ダイソンが高級店舗であることを彷彿とさせるつくりになっており、店舗中央の床は世界からさまざまな種類のものが集められています。店内では、フローリングやカーペットなどさまざまな床材と、ゴミパウダー、木製チップなどのゴミサンプルを用意しています。

さまざまな組み合わせで、ダイソンの掃除機を使って吸引力を「試す」という体験を楽しめるつくりになっているのです。

そして、このような体験が、企業や商品のよいイメージにつながっていくのです。

● Apple ストアのロケーションは世界共通

ラグジュアリーブランドなどは、店舗は単なる販売する場ではなく、ブランドイメージを演出する空間ですから、一等地への出店を好みます。

世界的に有名な Apple は、Apple ストアを出店する際、どの国でも同じブランドイメージを持ってもらえるように、世界各国共通で次の3つのポイントを設けています。

【Apple ストアのロケーションの条件】
(1) 人口密度が高く、購買力がある場所
(2) 現地のランドマークになる場所
(3) 賃金の高い場所（黄金地域）

そのほかにも、Apple は製品だけでなく、店舗でも世界観を演出しブランドイメージをつくっているため、店舗の外装や意匠に特許を取っています。

スティーブ・ジョブズは、店舗デザインのなかでもとくに、開放感・天井の高さ・自然光にこだわっていました。

① 開放感

・余計なモノは一切置かず、必要なモノだけに限定している
・お客様の視線を妨げるモノがなく、店内が見渡せるつくり

②天井が高い

・小売店と違い、Appleストアはすべてハイシーリングになっている
・天井が高いことで高級感・開放感を表現

③できる限り自然光を使う

・店舗には大きなガラスを使用
・自然な光で店を明るくすることで、お客様にキレイで清潔なイメージを与えることができる
・自然光が入りにくい場所では、柔らかくて明浄な電灯を使用

２０１３年にAppleが申請したAppleストアの特許デザインを見たら、誰でもすぐ、

「Appleストアだ！」

とわかるでしょう。

店舗の外装、インテリア、そのなかにいるスタッフの姿や対応の様子、買い物をする時間の体験は、すべてそのブランドのイメージにつながっています。

ですから、現在成功し、利益を上げている企業の多くは、店舗を活用したイメージ戦略に力を入れているのです。Appleは、その最たる例でしょう。

Appleは特許を取った店舗デザインによって、全世界でブランドイメージを統一しています。

このイメージ戦略を日本企業でも取り入れていきましょう。

【図表16　店舗を活用したイメージ戦略】

2 最初にコンセプトを決める

●一貫したビジネスには「コンセプト」が必要

スティーブ・ジョブズのように、製品・空間に一貫性を持たせるためには、まず、ビジネス展開をする前に、考えておくべきことがあります。

それは、「商品やサービスを、誰に対してどう提供したいのか?」という大前提です。

【一貫性が出ないつくり方】

・流行で儲かりそう
・高いモノから安いモノまで幅広いほうが儲かりそう

「どんな人に来てほしいのか?」をきちんと決めてから、商品や店舗のコンセプトを決めましょう。

それが、ブランドイメージにも影響を与えるのです。

商品・店舗・ホームページなど、さまざまな発信でブランドの世界観に一貫性があると、購入者側とのミスマッチがなくなるでしょう。

(例) ウォーキング教室の経営者

ウォーキングに関する商品販売を行っています。日焼け止めは関連商品として扱っていますが、化粧品は関係がないので置かないように徹底しているそうです。

(例) 会社採用

コンセプトとブランドイメージは、会社の社員育成・採用にも関係しています。どのような人材を育成するのかコンセプトを決め、評価基準を決めて、募集要項に反映させましょう。

あなたの会社は誰のために何を提供していますか?

もし「誰に」という部分が曖昧ならば、ぜひコンセプトから見直しましょう。

3 Apple のコンセプトからヒントを得る

●Apple は1本のCMで会社の変革を印象づけた

Apple は、Amazon や Facebook などのように、コンセプトやミッションを明示してはいませんが「自分らしく生きることを支援する」という非常に明快な世界観を打ち出しています。その最たるものが、スティーブ・ジョブズが1997年にCEOとして復帰した直後のCMでしょう。

【「Think different」(出典:https://ja.wikipedia.org/wiki/Think_different)**】**

・映像

アルベルト・アインシュタイン、ジョン・レノン、パブロ・ピカソといった、世の中を変えた

天才たちの画像

・ナレーション

「クレイジーな人たちがいる／はみ出し者、反逆者、厄介者と呼ばれる人たち／四角い穴に丸い杭を打ち込むように、ものごとをまるで違う目で見る人たち／彼らは規則を嫌う／彼らは現状を肯定しない／彼らの言葉に心を打たれる人がいる／反対する人も、賞賛する人も、けなす人もいる／しかし、彼らを無視することは誰にもできない／なぜなら、彼らはものごとを変えたからだ／彼らは人間を前進させた／彼らはクレイジーといわれるが／わたしたちは天才だと思う／自分が世界を変えられると本気で信じる人たちこそが、本当に世界を変えているのだから」

このCMには、Appleが自社の製品やサービスを通じて社会に提示したい哲学や「リードする」「再定義する」「革命を起こす」といった想いが詰まっています。

そして、「Think different.（違う視点で考える）」「Your Verse（あなたの詩＝あなたらしく生きる）」といったフレーズから、Appleは製品やサービスを通じて、人々がそれぞれの視点を持って、自分らしく生きることを支援したいというメッセージが込められています。

●経営者や創業者の想いがブランディングにつながる

企業のブランディングでは、「経営者や創業者などの個人が発するメッセージ」＝「セルフブランディング」も重要です。

Appleは、一度スティーブ・ジョブズが離れたあと、業績が悪化してしまったことがあります。復帰したスティーブ・ジョブズは、最初の会議で社員たちに、

「The products suck! There's no sex in them anymore! Start over.（プロダクトが最悪だね。ちっともセクシーじゃない！　最初からやり直してくれ！）」

と言ったそうです。その後復活したAppleは、スティーブ・ジョブズ亡き後も、この哲学を守ってAppleの経営をしています。このことからも、経営者や創業者の想いやこだわりがブランドの確立につながっていることがわかるのではないでしょうか。

【スティーブ・ジョブズのこだわり】

・デザインのポイント

「シンプルだからこそ仕事で利用しやすく、あらゆる年代層にも受け入れられやすい」という考え方にもとづいて、人の感性や感情に直接訴えるデザインを追求。デザインも「お客様が製品を使用してどう感じるか」を大切にしています。

・開発のポイント

iMac　：「お客様が商品に触れたときに「どのように感じるか」」

iPhone：「湖からディスプレイが浮かび上がってくる」というイメージからディスプレイを重視している

このような経営者や創業者の想いやこだわりが、会社、製品、サービス、店舗などすべてに浸透

していることが、ブランドイメージを確立させているのです。

4　ラグジュアリーブランドからコンセプトを学ぶ

●コンセプトの見せ方にもブランドの個性があらわれている

ハイブランド、ラグジュアリーブランドは、コンセプトの打ち出し方に長けています。

ここでは、いくつかのブランドとコンセプトを例にご紹介しましょう。

・ルイ・ヴィトンのコンセプト

ルイ・ヴィトンのコンセプトは「旅」です。これは、創業当初からずっと変わりません。

創業当初は、馬車や鉄道で移動する旅で必要な大きなトランクを製造していましたが、現在は、カバン製造へと変化してきました。

・グッチのコンセプト

グッチはイタリア初のラグジュアリーブランドです。

デザイナーの名前をブランド名に取り入れるという試みも、当時は斬新でした。

グッチは創業当初から「最上の伝統を最上の品質で、しかも過去のよいものを現代に反映させる商品づくり」というコンセプトを守っています。

・エルメスのコンセプト

エルメスは、パリのマドレーヌ寺院界隈で馬具工房として創業し、時代に合わせて、鞄や財布などの皮革製品事業に移っていきました。

そんなエルメスのコンセプトは、「職人技の伝承」と「移動・旅行のよろこび」です。

また、エルメスのロゴには、その名残で馬具工房に由来するデュック（四輪馬車）とタイガー（従者）が描かれていますが、あえて人（馬車に乗る人）が描かれていません。

そこには「エルメスは最高の品質の馬車を用意しますが、それを御すのはお客様ご自身です」というメッセージが込められているのです。

・シャネルのコンセプト

第一次世界大戦後、女性も働く時代になった際、ココ・シャネルは、「女性服の解放」というコンセプトで、これまでになかった動きやすい女性服を次々に誕生させました。

また、手で抱えなければならないクラッチバッグから、両手が自由に使えるチェーンのバッグに変えたのも、ココ・シャネルです。ファッションやカバンからも、シャネルの「自由で自立した女性像」が反映されていることがわかります。

・コーチのコンセプト

コーチは「手の届く贅沢品」をブランドコンセプトに掲げ、年代や性別を超えて世界中で幅広い支持を集めています。

選りすぐりの品質と美しさと耐久性を備えたアメリカン・スタイルのバッグを押し出し、その後続々と財布やパスケースなどの小物からアクセサリーなどに展開し、人気を博しました。品質を落とさず、求めやすい価格の商品を打ち出すことで購入者層を拡大し、その名を一流ブランドとして揺るぎないものに確立させていったのです。

・イッセイミヤケのコンセプト

「いままでにないものを、人々の快適な日常のために」をコンセプトにしています。

イッセイミヤケは、スティーブ・ジョブズが黒のタートルネックを愛用していたことでも有名です。スティーブ・ジョブズは、シンプルなデザインのなかでも、その長さや肩幅などにもこだわり、当時市販品にないスペシャルオーダーを依頼していたそうです。

・ポール・スミスのコンセプト

ポール・スミスのコンセプトは、「ひねりの効いたクラシック」です。

ブリティッシュトラディショナルを受け継ぎながらも、実用性や遊び心を加えることで、ポール・

スミス独自のデザインを生み出しています。また、「誰もが楽しめる洋服であること」も、もう1つのコンセプトだといわれています。

カジュアルでもフォーマルでも使えるちょうどよいデザインや、ライン展開の豊富さは、このコンセプトによるものでしょう。

5　日本の企業でも、ブランドコンセプトに合わせた店舗演出は重要

●演出によって人気のうどん専門店「つるとんたん」

どんなにおいしい料理でも、ファストフードのような店内で、流れ作業で提供されたらおいしさが半減してしまいます。

それほど、商品を出す空間は大きな影響を及ぼすものなのです。また、高級料理店ではドレスコードがあるなど、場の雰囲気づくりが重要視されています。商品そのものにこだわるだけでなく、それを提供するまでの演出が大切なのです。

たとえば、つるとんたんは、高級路線で成功している「うどん専門店」です。「庶民の味」の代表格であるうどんのイメージを一新させました。

【つるとんたんの演出】

・メニューが豊富で1000円以上のうどんを提供

・美濃焼の器を使用

・店員さんもお店も、高級旅館のような雰囲気

・全国14店舗、朝4時まで営業。海外に4店舗あり（2024年6月時点）

(例) つるとんたんのこだわり

・うどんの器

美濃焼で、横綱の賜杯ぐらい大きい個性的な器を特注

見た目のインパクトだけでなく保温性が高いため、冷やした器でうどんが伸びない

・メニューの特徴

居酒屋・バー・カフェの要素も取り入れている

うどんの種類が豊富（パスタ屋のように多くの種類がある）

クリームうどんに定評がある

巻き寿司などの一品料理がたくさんある

カクテルも含めドリンクの数も多い

●つるとんたんの経営の歴史から、継続する秘訣を学ぶ

つるとんたん代表の加藤さんは、じつは2代目。もともとは香川県出身のお父様が創業した、本格手打ちのうどんの店「本家さぬき」が原点です。

加藤さんが会社を継いだのは、お父様が早逝された22歳のときだったそうです。

若くして会社を継いだ加藤さんは、経営難を経験します。その際に、次のように市場を徹底的に分析していきました。

「自社のダメな点は何か？」

「何が流行っているのか？」

実際に食べ歩き、若いなりの視点でよし悪しを体験したそうです。

当時の関西のうどん屋さんはほとんど巡り、四国の繁盛店など1日15件回ったことから、流行っているお店には次の2つのケースがあるとわかりました。

(1)　立地条件だけでなく、サービスやホスピタリティといったものが総合的に高い

(2)　突出した唯一無二の商品があると、小さなお店でサービスが悪くても流行るケースがある

この研究結果から、つるとんたんの店舗演出には次のような特徴があります。

〔つるとんたんの店舗演出の特徴〕

・最初にスケール（売上や店舗数など）を決めている

つるとんたんは、出店数を調整することで希少性を上げ、ファストフードとは違う、「ラグ

ジュアリー」なうどん専門店としてのブランド価値を高めています
・「日本で一番高いうどん屋」というブランドイメージの確立
店舗には地域に合ったエッセンスを入れ、メニューやインテリアを変えています。
今後は、さらに商品開発に力を入れていくそうです。

このように店ごとの個性を出すことで、お客様に飽きられず、売上は微増に右肩上がりになっているそうです。代表の加藤さんは、24歳でつるとんたん1店舗目をつくったときよりも、総合的なクオリティーが落ちたときは、お店を畳む覚悟で経営しています。そのようなこだわりが、お客様にも伝わり、ブランドイメージを高めているのでしょう。それほど、店舗のコンセプトと世界観の演出はとても重要なものなのです。つるとんたんの成功からは、日本でも海外のラグジュアリーブランドと同じように、イメージ戦略が有効だということがわかります。

6　ブランドの世界観をファッションショーやイベントで打ち出す

●ショーはブランドの世界観を発表する場

店舗内の演出以外にも、ブランドのイメージを積極的に打ち出していきましょう。

ファッション業界の場合、その方法の1つがファッションショーです。高級ブランドやファッション業界にとって、ファッションショーはなくてはならない存在です。

ショーの原点は、ブランドの新作発表会であり受注会でした。ところが、近年は、新しいコレクションやトレンド、ブランドイメージをプレゼンする場になっています。

そのため、ファッションショーの服は、次の２つの分類があります。

(1) ファッションショーのための服

・ショーピース（show piece）
・コレクションピース（collection piece）
ほぼ裸と思えるセクシーな服、左右ちぐはぐな服、袖から手が出せない服、どうやって着るのかわからない服、着ていく場所が想像つかない服などの奇抜なデザインで、ブランドのオリジナリティーや世界観を演出しています。

(2) 実際に売るための服

・コマーシャルピース（commercial piece）
ファッションショーに出てくるようなインパクトのある服は、あくまでも舞台でブランドの世界観を見せることが目的なのです。

ちなみに、ファッションショーではじめてブランド化戦略を行ったのは、ルイ・ヴィトンといわれています。１９８９年、アルノーの指揮に代わったルイ・ヴィトンは、力のあるファッションデザイナーを起用し、ブランドの顔として年2回行われるパリ・コレクションに参加。奇抜なファッションで話題を呼びました。半年に1回、パリコレという華やかな舞台で新商品を発表することによって、知名度と注目度を上げ、付加価値を高めていったことが、今日のファッション業界のショーにつながっています。

●ファッションショーのビジネス戦略とは

ファッションショーは、デザイナーが新たなクリエイティビティーを発表する場でもあります。各ブランドがオリジナリティーを表現するものですから、服装もクリエイティブであることが大前提です。デザインだけでなく、シルエットや素材、ディテール、服の着方などからも、斬新で見たこともないような服を生み出し、世の中に衝撃を与え、社会現象を起こしながら、ファッション業界は進化し続けてきました。小物類でコーディネートを整え、服をレイヤードし、その服の持つポテンシャルを最大限に生かして提案する、そのすべてを見せるのがファッションショーです。

しかし、実際にマーケットを支えているのは、一般層の女性たちです。近年は、堅実でよりリアルなモノが求められるようになり、ショーで発表される服も実際に着用するコマーシャルピースも増えてきています。次に、流行がつくられていく過程を、エベレット・M・ロジャースの「イノベーター理論」を拝借してご紹介していきましょう（出典：『イノベーション普及学』／エベレット・M. ロジャーズ（著）／青池 慎一（監訳）／宇野 善康（監訳）／産業能率大学出版部）。

7 流行の仕組みを読み解く

●イノベーター理論から流行を知る

イノベーター理論は、消費者を5つの層に分類し、新しい商品やサービスがどのように市場に普及していくのかを分析したものです。

・**イノベーター**：新しいモノを積極的に導入する好奇心を持った層

・**アーリーアダプター**：世間や業界のトレンドに敏感で、情報を収集している層（インフルエンサー・芸能人）

・**アーリーマジョリティ**：「流行に乗り遅れたくない」という層（芸能人が使っている商品をほしがる人など）

・**レイトマジョリティ**：まわりの大多数が使う状況になってから取り入れる層

・**ラガード**：新しいモノにまったく関心がなく、伝統を大切にする保守的な層

【図表17　イノベーター理論】

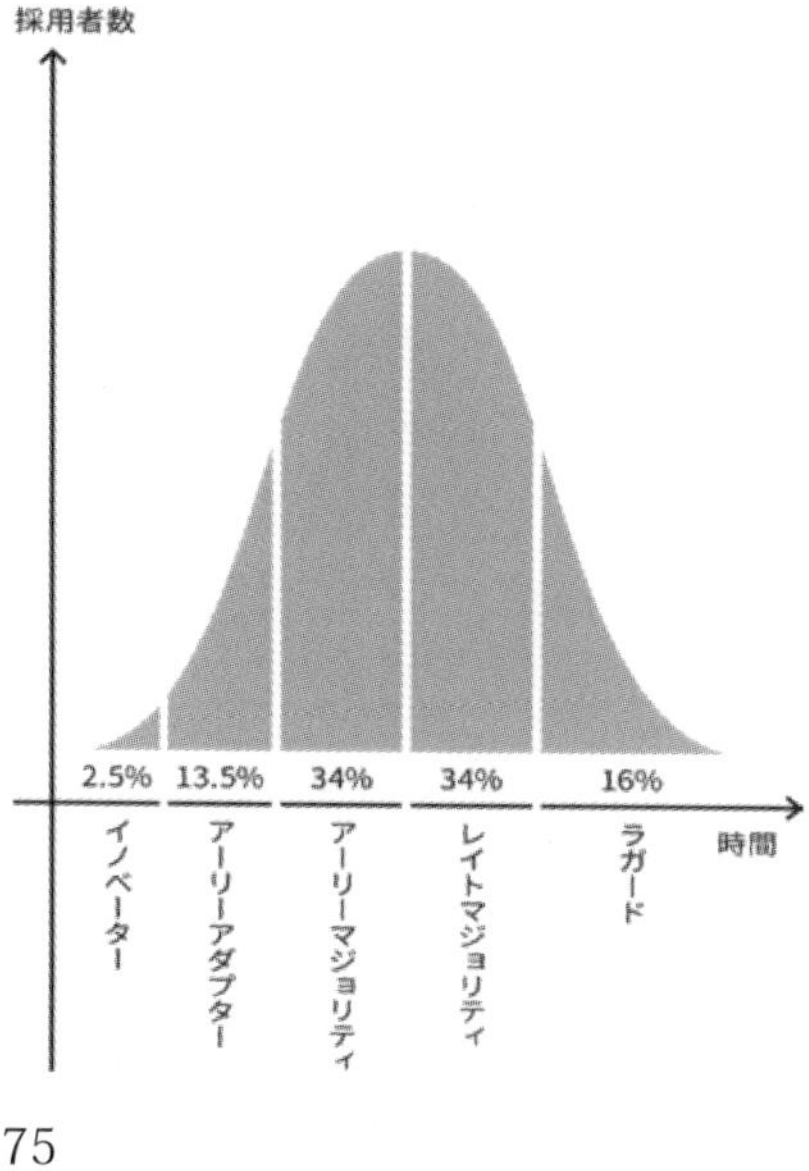

ファッションショーで発表される服やトレンドは、新しいファッションを受け入れ、広めてくれるイノベーターと一部のアーリーアダプターに向けて発信されています。

一方、マーケットの中心的存在となるのは、一部のアーリーアダプターを含む、アーリーマジョリティとレイトマジョリティの人たちです。

流行という観点で見ると、図表17の左側のイノベーターとアーリーアダプターがおしゃれな人。右側のラガードはベーシックな人ととらえることができます。

たとえば、映画『プラダを着た悪魔』の中で、アン・ハサウェイが演じた主人公のアンドレアは、もともと服に興味のないレイトマジョリティに属する女性でしたが、仕事でおしゃれに目覚め、アーリーアダプターに変身するという姿が描かれていました。このように、自分の属性が変えられるのも、イノベーター理論の特徴の1つです。

●流行の仕組みとは

トレンドが大衆に浸透していく過程も、イノベーター理論で説明することができます。

トレンドは、ファッションショーなどで発信された後、左側のイノベーターから順に受け入れられていきます。その次にアーリーアダプター（インフルエンサー・芸能人）が受け入れ、それを見たアーリーマジョリティ（芸能人の持っているモノをほしがる人）が取り入れていきます。半数以上に浸透したところで、レイトマジョリティが、そして最後にラガードへと移行していきます。

〔流行の2つの特徴〕

(1)　人は属性を自由に移動できますが、トレンドは「左から右へ」一方向にしか流れません

(2)　**アーリーアダプターが取り入れた流行は、そのままではマジョリティに受け入れられない（一般化されない）**

一般化されない要因は、「値段の高さ」と「デザインの奇抜さ」です。これは、ラグジュアリーブランドが、あえて一般化を避けてきた歴史とつながっています。

値段の高さ

・ハイブランドのモノをほしいけれど、値段が高くて手に入らない

・憧れが募り、ブランド品が羨望の的

・手に入れた人は優越感に浸ることができる

デザインの奇抜さ

・誰にでも着ることができるわけではない

・「モードな服」はアートのようなモノなので、理解するにはそれなりの感性（センス）が必要

・一般化するには、凝ったデザインをなくし、多くの人が抵抗感を感じない服にする必要がある

一般層向けファッションブランドは、「値段の高さ」と「デザインの奇抜さ」の問題を解消することで、市場を獲得することができますが、一方で、服はオリジナリティを失い、ベーシックでおもしろみのないモノになっていきます。これが、ファッション業界の流行の仕組みなのです。

ブランドイメージを強く打ち出すためのモノと、一般向けのモノの差が、よりイメージできたのではないでしょうか。

繰り返しになりますが、一般向けは市場が大きく真似がしやすい分、ライバルも多く、価格競争になってしまいがちです。どこにターゲットを絞っていくのかで、打ち出し方を大きく変えていきましょう。

8　展示会で自らの価値を上げていく

●売れる芸術家と、売れない芸術家の違いは何か？

ファッションショーの次は、展示会でブランドイメージを上げていく例をご紹介しましょう。

展示会で自らの価値を上げて大成功したのは、画家のパブロ・ピカソです。

多くの画家が死後に作品が評価されているなか、ピカソは、生きているうちに評価されていました。

一方、生涯を苦しい貧乏生活で終わってしまったフィンセント・ファン・ゴッホは、画家人生の10年間で約2000点の作品を残しました。ゴッホは「ひまわり」が有名で、ひまわりの絵を見た画家のゴーギャンは絶賛したといわれていますが、生前に売れた絵は1枚だけだったそうです（諸説あります）。

そのため、ゴッホは絵具を買うお金や生活資金を、すべて弟のテオドルス・ファン・ゴッホに支援してもらっていました。しかし、現在では著名な画家でも、多くはゴッホのように経済的に苦しい暮らしをしている人のほうが多かったのです。

●ピカソは自己プロデュース力で人気を上げていった

それではなぜ、ピカソは多くの画家とは違い、生前から成功することができたのでしょうか?

ピカソは早くから芸術の道に足を踏み入れていたため、生涯で約15万点もの作品を残しました。

彼は、絵画だけでなく、彫刻や陶器作品も多く残しています。ピカソは「キュビズム」といわれる、さまざまな角度から見たものを一面に描くという新しい手法を編み出したことでも有名で代表作の「ゲルニカ」もキュビズムで描かれたモノでした。

しかしそれまでのピカソは、画商のニーズに合わせ、作風を何度もガラッと変えています。ピカソは自分を売り込み、お金を稼ぐことに関しても天才的だったのです。

たとえば、まだ世の中にあまり知られていない頃は、サクラを使って画商に「ピカソの絵はある?」と何件も尋ねてもらうことで、画商に「ピカソは人気のある画家らしい」というイメージを与え、絵の価値を上げてから販売したそうです。

また、ピカソは作品を描きあげては画商を集め、定期的に展覧会を開いていました。

作品の背景を細かくプレゼンテーションし、画商同士で競わせることで絵を高値で売ったのです。

人は「モノ」ではなく「物語」に心が動かされ購入するというマーケティングの極意を、ピカソは感覚的に知っていたのでしょう。その結果、亡くなったときには資産が7500億円もあったといわれています。

自分の価値を自らの発信・演出で高めていく、ピカソはイメージ戦略を上手に行うことで成功を収めた好例なのです。

9 イメージビデオを活用していく

●時代に合った、発信方法を模索する

近年、ブランドの世界観を表現する場はどんどん進化しています。

現在は、ブランドイメージを伝える際は、文字より映像のほうが伝わりやすくなってきています。人々の活字離れが進み、文章の読解力が下がっているため、文字だけでは正確な情報が伝わりにくくなってしまったのです。

また、人々の関心や興味は、より刺激の強いメディアに移行する特徴があるため、文字メディアではなく、Instagram や TikTok や YouTube などの動画メディアが人気です。

動画は、発信側からすると文字より届けられる情報が増えますし、受け取る側は文字ほど頭を使わずに情報が受け取れるようになります。

【図表18 おすすめのイメージビデオ例】

・ファイヤーサイドコテージ
薪ストーブのある生活のイメージを訴求しています。

・カルティエ CM Cartier 2012
カルティエの動画はダイヤモンドのトラが世界を旅することでブランドの世界観を表現しています。

・Festo - BionicOpter - YouTube
空気圧機器のトップメーカーです。トンボの飛行からインスピレーションを得て、ブランドの技術力と世界観を表現しています。

・Shohei Hishidaブランドサイト
大工アーティスト菱田昌平さんのサイト。文字を使わず、動画で自分たちの世界観、コンセプト、考え方などを伝えています。

文字は本を読む習慣のある人しか読まないため対象が限られますが、動画は見るだけでいいので広く多くの人に届きやすいのです。

これからは、ぜひイメージビデオも取り入れていきましょう。

イメージビデオは、商品そのものを伝えるテレビショッピングとは違い、価値観や世界観を伝えるものです。

画像やメッセージでイメージを伝えるのもいいですが、動画でイメージを伝えると、より多くの層に届きやすくなります。

イメージビデオのように、今後は、ますます動画の需要が伸びていくはずです。

第5章ではさまざまなブランドイメージの演出方法をご紹介してきましたが、ぜひ、自分の企業のイメージやターゲットに合った、イメージ戦略を立てていってください。

第5章　まとめ

- □ ブランドイメージは、店舗・ショー・展示会など、さまざまな方法で演出する
- □ 「どんな人に来てほしいのか？」を決めてから、商品や店舗のコンセプトを考えよう
- □ 経営者や創業者の想いやこだわりが、ブランディングにつながる
- □ ブランドイメージを強く打ち出すことで、一般化や価格競争から抜け出せる
- □ ピカソは、展示会で自分の作品の価値を上げることで成功していた
- □ これからは、イメージビデオ（動画）を活用して、世界観を表現するのがおすすめ

第6章

ロゴ・アイコンから見る
SNS時代の「イメージ戦略」

1　SNSを活用したブランディング術を学ぶ

●SNSでは3か月でブランドイメージが定着する

近年は、SNSでの発信もブランディングに欠かせないものになりました。

会社はもちろん、経営者自身のSNS発信も、ブランディングイメージの構築につながっています。

しかし、イメージが定着するには時間がかかります。

SNS投稿を強化して最低3か月（90日）、リアルだけの場合は3年ほど時間がかかります。

でも、イメージをつくり上げることによって、

「あの会社の製品は信頼できる」

と言われるようになったらよいと思いませんか？

また、高級品というイメージがつけば、あなたの会社の価値も高くなり、大切に扱われるようになります。

「あなたのSNS投稿だけを見て、どんな印象になりますか？」

「道行く人に、会社の印象を聞くと、どんなイメージを持っているでしょうか？」

そんなことをイメージしながらブランドを構築していきましょう。

2　人気ブランドにはアイコンが不可欠

●一目でわかるブランドの「アイコン」がありますか？

有名なアイコンは、商品を見ただけで、そのブランドがわかります。

たとえば、ルイ・ヴィトンの「モノグラム」やエルメスの「シェーヌ・ダンクル」、バーバリーの「タータンチェック」などは、誰にでもわかりやすいものではないでしょうか。

このように、アイコンは、ブランド価値を高めるための大きな要素になっているのです。

一方、ジャン＝ポール・ゴルチエは偉大なフランスのデザイナーでしたが、アイコンがないために、商業的には大きな成功をしていません。

自社のアイコンとなる商品の有無は、ブランドのイメージ戦略には不可欠なものなのです。

アイコンは、ハイブランドだけでなく、身近なお店でも効果を発揮します。

たとえば、わたしの近所には「牛乳パン」が有名なパン屋さんがあります。

普通の牛乳パンは、ふわふわのパンの真ん中に薄くクリームが入っているのですが、そのお店はクリームが３センチくらい入っていて、見た目のインパクトが抜群です。

このようなアイコニックな商品をつくることで、ブランドの認知が上がり、価値を高めることができるのです。

●経営者自身も「アイコン」になる

日本人は「カッコつけている」と思われたくない心理からか、経営者であっても、自身のブランディングや演出などを好まない人が多いように見受けられます。

しかし、ブランディングをしなくても、お客様のイメージは勝手に決まっていきます。それであれば、きちんと戦略を立てて、よいイメージを持たれたほうがいいと思いませんか？

繰り返しになりますが、企業イメージはつくるものです。商品だけでなく、経営者自身もブランディングして、会社の価値を高めていきましょう。

「あなたは、どのように見られたいですか？」

「どのようなお客様をターゲットにしていきますか？」

イメージをつくるためには、まずコンセプトやターゲットを決めて、それに合わせた発信方法を活用していきましょう。

経営者自身のブランディングは、ある意味、俳優になるようなものです。常にやる必要はないので、あくまで演出として、ブランドイメージを構築する俳優になりきってください。

●ロゴはカッコよくすることで人に好まれる

前述したように、長く愛される有名ブランドにはアイコンがあります。

ブランドを代表する商品、デザイン、経営者自身…そのほかに、「ロゴ」もアイコンとして大きな役割を持っています。ラグジュアリーブランドも、印象づけるために以前からロゴデザインを活用してきました。

日本でも、楽天やユニクロなどは、誰でもパッとロゴが思い浮かぶのではないでしょうか。ひと目でブランドがわかるほど認知が広まっていたり、「カッコいい」と思われたりするロゴは、イメージ戦略が成功しています。

あなたの企業のロゴは、お客様の記憶に残っているでしょうか？

また、どんな印象を与えているでしょうか？

ロゴを「カッコいい」と思ってもらえているでしょうか？

必要であれば、ロゴも再検討しながら、会社を印象づけるロゴをつくりましょう。

●時代に合わせてロゴを変えていく

これまでは、ロゴが目に触れるのは紙面が多く、紙面上で見やすい「セリフ体」と呼ばれる、装飾がついた欧文書体が多く使用されてきました。「セリフ体」は手書き文字の名残りを感じさせるデザインが特徴で、「古典的」「伝統的」といった印象を与えたいときによく用いられています。

しかし、近年ラグジュアリーブランドが続々とロゴを一新しています。

最初にロゴの変更に乗り出したのは、バレンシアガです。素人目には普通のゴシック体のロゴにしか見えませんが、世界的に超有名なデザイナーが細部までこだわって制作しています。それに続き、バーバリー、ベルルッティ、セリーヌなどもロゴを変えていきました。

しかし、ゴシック体にしたことで、これまでのロゴの個性はなくなってしまいました。ではなぜ、ブランドの顔ともいえるロゴを変えてまで、どれも似たゴシック体に変化したのでしょうか。

それは、ＳＮＳで見やすいようにするためです。伝統を大切にすることも必要ですが、ネット社会になり、ラグジュアリーブランドも時代に合わせた変化が必要になっています。

●ロゴの変更で若者層を獲得していく

スマートフォンなど小さな画面では、これまでの「セリフ体」の視認性が下がったり、拡張性の問題が起きたりといった点がありました。

また、Instagram などのＳＮＳで個人が情報発信することも増えたため、誰が発信してもブランドイメージが崩れないような変革が必要だったのです。

〔ロゴの変更で可能になったこと〕

(1) 拡張性の問題が解消し、高級ブランドのロゴをさまざまな画面やプラットフォームで調整できるようになった
(2) デジタル対応ができるようになり、Ｚ世代に売り込むことができるようになった

現代の若者は、朝起きた瞬間から寝る直前まで Instagram を見ています。実際、ＳＮＳで拡散しやすくなったブランドは、若い年齢層の購入が増えているそうです。

これからの時代、Instagram などのＳＮＳなしに、ブランドを存続することはもはや不可能でしょう。

ラグジュアリーブランドのターゲットも、年齢の高い富裕層から「ハイブランドに憧れを持つ若者」に変わってきています。

そのためにも現代のロゴは、ＳＮＳ上ですぐ判断できるわかりやすさが重要視されているのです。

【図表19　ゴシック体とセリフ体の違い】

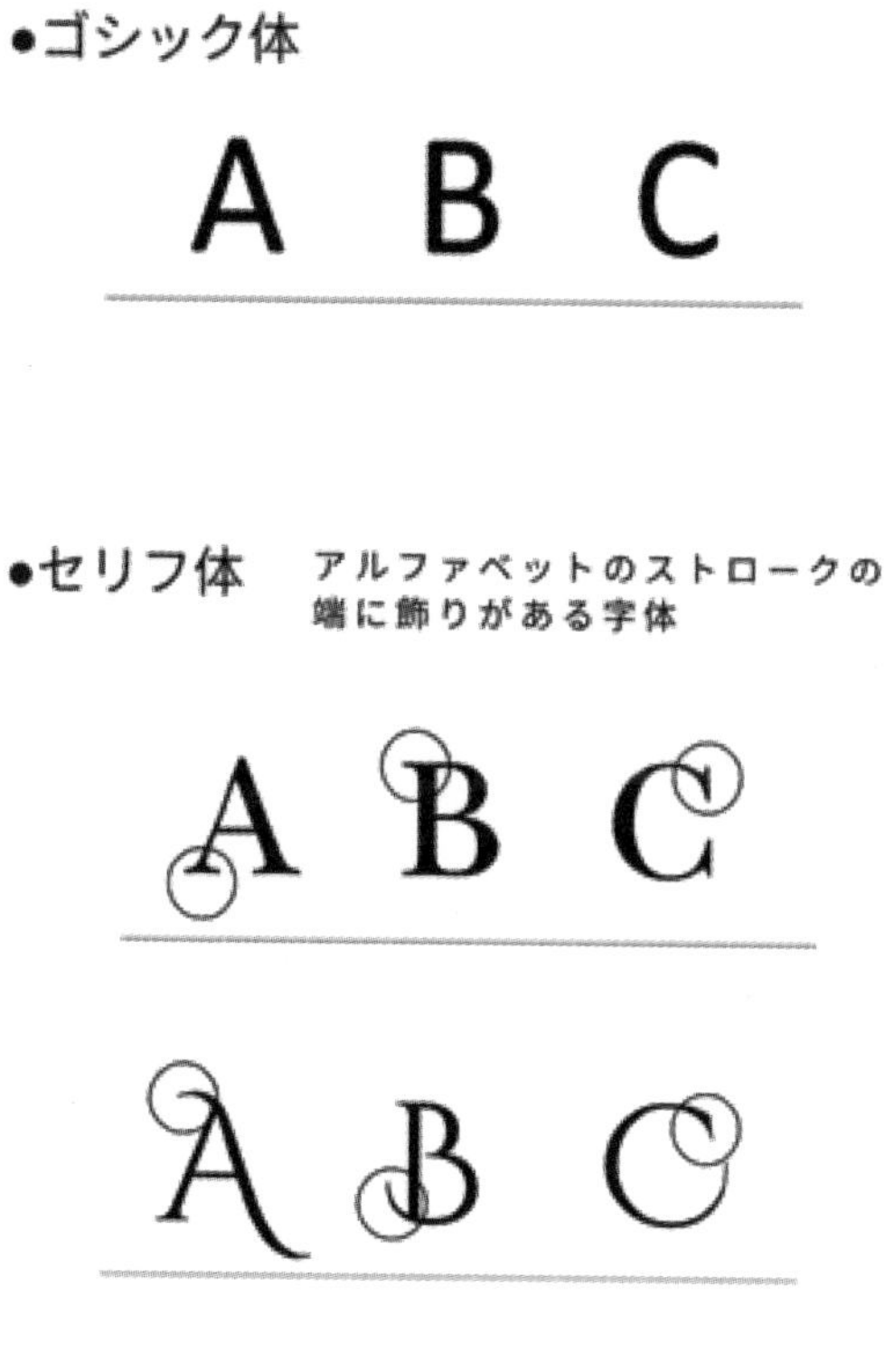

3　企業は地元にしっかり根ざすことが必須

●地元の応援で企業は大きくなっていく

ラグジュアリーブランドの多くは、そのブランドロゴの下に、都市名や創業年を記載しています。それほど、企業において、地元に応援されるというのはとても重要なのです。

ビジネスを始めるときに、まず応援してくれるのはベースマーケットです。

・人の場合　…友人、知人、家族
・会社の場合…地元の人

スポーツチームなども、基本的には地元がファンになってくれて、地元の応援が支えてくれています。

逆をいえば、ベースマーケットの応援がなければ存続の難易度は上がっていくでしょう。

ですから、たとえラグジュアリーブランドであっても、地元や身近な人を大切にしながらビジネスを展開していくのです。

一般企業も自分の会社の力だけでがんばるより、応援をしてもらったほうがより多くの他人に広まりやすくなります。また、地元にプライドも持っている人も多いので、地元に根ざしていくことは、とても重要なのです。

●地名がブランドイメージにも影響する

地名がブランドイメージに影響を与えることも多々あります。

たとえば、「銀座」という地名からは、多くの人がちょっと高級なイメージを思い浮かべるでしょう。また、東京ディズニーランドも、実際は千葉県ですがあえて「東京」と入れていますし、Appleやラグジュアリーブランドは、各国の高級な場所に店舗を構えています。

「どこに店舗があるのか」はイメージ戦略においても、とても重要な要素なのです。

日本人の場合、「銀座本店」「ニューヨークに本店がある」「パリで大人気」などと聞くと、イメージがよくなるのがわかるのではないでしょうか。

このように、大都市から地方へは川の水が上流から下流に流れるように、スムーズに流れていきます。しかし、その逆は、なかなか難しいものがあります。

わたしの例でご紹介しましょう。わたしはかつて長野県在住の会社員だったことがあります。当時会社のあった松本市は長野県で2番目に大きな都市ですが、1番大きな長野市にも営業に行っていました。

ところが、松本近辺では契約率8割近くでも、長野市では契約率は50％以下になってしまったのです。しかし、長野市に事務所をつくると、契約率は一気に上がりました。

この例のように、どこに会社や店舗があるのかは、ビジネスに大きな影響を与えるものなのです。

ぜひ、ブランドイメージにプラスになるような打ち出し方を考えましょう。

4　パッケージにこだわる

●パッケージでブランドイメージを上げる

高級品は、基本的にパッケージにもこだわっています。

以前、クラウドファンディングで、そこそこ値段のするレザーバッグを購入したのですが、ダンボールにエアクッションだけで送られてきました。さらにレザーも欠陥品で交換してもらったのですが、とても楽しみに待っていたので、その気持ちごと台なしにされたようで、非常に残念な思いをしたことがあります。

Apple製品は商品の箱や梱包までカッコよく、さらに発送用の段ボール箱まで専用のものを使いとてもオシャレで同じ商品であっても、このように送られてきたら、受け取り手の喜びは増すでしょう。

このようなAppleのパッケージには、スティーブ・ジョブズの次のようなこだわりが詰まっています。

- **箱から出してインターネットに接続するまでの時間は15分**
- **ケーブル1本で接続可能**
- **デザインは使いやすさ優先（色は選べる）**

お客様がパソコンを買う一番の目的はインターネットに接続することですから、Appleは「箱から出して接続するまでの時間を極力短くする」ことを大切にしています。

その結果、普通は箱から出してインターネットに接続するまでに、さまざまなコードをつないで1時間以上かかるところ、iMacは15分で接続できるようにしたのです。

このようなこだわりは、ほかの業界においても重要です。

（例）何にこだわるか

・飲食業界　　：　食器、店内、メニュー、提供方法
・ファッション業界　：　ショッパー、店内、店員の服装

こういったものも「パッケージ」に含まれます。商品以外のところでも、ブランド価値を高めていきましょう。

●ショッパーで宣伝効果を狙う

日本の場合、高級品は桐の箱に入っていたりします。

これも、商品の価値を上げる演出方法の1つです。

逆に、1万円のお茶がペットボトルに入っていたら、1万円出してほしいとは思わないでしょう。

パッケージは、それほど重要な役割を持っているのです。

ラグジュアリーブランドの場合、ショッパー（手提げの紙袋）のデザインにもこだわっています。

ブランド側からすると、オシャレ感度が高い人にショッパーを持って街中を歩いてもらうことで、よい宣伝になるのです。

さらに、各ブランドはテーマカラーを設け、差別化をはかっています。

【ハイブランドのテーマカラー】

・ティファニー　↓　スカイブルー
・エルメス　↓　オレンジ
・シャネル　↓　ブラック
・クリスチャン・ルブタン　↓　赤
・ポール・スミス（Paul Smith）↓　マルチカラーのストライプ

そのほかに、イメージカラーが浸透している一般企業もあります。

（例）イメージカラーが浸透している一般企業
・Facebook　↓　青
・LINE　↓　緑

このように、色は直感的にイメージにつながるものですから、自社のテーマカラーを決めるのもブランディングにはおすすめです。

5　ビジネスに「リブランディング」は欠かせない

●ブランドイメージにブレがないか見直す

ブランドイメージがブレると、企業が低迷し始めます。

Apple でさえ、スティーブ・ジョブズがいなくなったことで、一時期、業績が低迷しているほどです。

スティーブ・ジョブズは Apple を再生する際、次のようなことを行いました。

・明確な企業戦略をつくった
・情熱がない3分の1ほどの社員をクビにした
・マイクロソフトとの歴史的な和解を果たす
・機種を4つに絞る
・製品在庫は2日に圧縮する
・具体的な改革を実行する

このようにして、リブランディングを行うことで、Apple は復権していったのです。

企業は創業してから時間とともにコンセプトがブレたり、時代に合わなくなることもあります。

だからこそ、どのような企業でも、コンセプトの見直しは必要です。

もし、企業や経営者が見せたいイメージとお客様のイメージがずれているのであれば、リブランディングしてブランドイメージを再度構築していきましょう。

ブランドイメージを構築する際、自分たちでは客観的になりきれないため、お客様から持たれているイメージが掴めていないというケースは多々あります。

「相手からどう見られているのか?」

「どうすれば、思うようなイメージを持たれるのか?」

この2点を冷静に分析しましょう。

リブランディングの場合、ときには第三者の力も借りることも必要でしょう。

●ラコステも1人のアーティスティックディレクターによって復活した

1933年創業のラコステは、創業者であるルネ・ラコステの死後、低迷していきました。これを復活させたのが、クリストフ・ルメールです。

2000年からラコステのアーティスティックディレクターに就任したクリストフ・ルメールは、ラコステ本来のよさを残しつつ、クリストフ・ルメールらしいデザイン性と機能性を加え、従来の「スポーツのカジュアルブランド」というイメージを一新させました。

もともと、ニューヨークでコレクションを発表していましたが、フランス出身のクリストフ・ルメールの影響でパリコレクションにも出展。鮮やかな色使いやエッジのあるシルエットが評価され、ラコステのブランドも評価が上がっていきました。

このように、第三者の力を借りることで、古いイメージを払拭し、ブランドを復活させることができた例は数多くあります。それは、これまでご紹介してきたラグジュアリーブランドの歴史からも明らかでしょう。

●日本はパリ万博で伝統工芸の価値を再認識した

１８６７年にフランスで開催されたパリ万博に、江戸幕府将軍だった慶喜の弟、昭武が貴賓として招かれました。

このとき随行した渋沢栄一は、フランスに到着してさまざまな最新技術を目の当たりにし、圧倒されたといわれています。

しかし、パリ万博を回った一行は、日本の工芸文化がヨーロッパ諸国から、高い評価を受けている様子を知ります。

本書でもご紹介しましたが、ルイ・ヴィトンのＬＶ柄は、この万博で出品された家紋からインスピレーションを得たという話はとても有名です。

日本国内では、「伝統工芸品は高級だけれど古いモノ」という認識でしたが、海外での評価を受け、国内でも価値が再認識されました。

また、仏像も、日本人にとっては「拝む対象（モノ）」でしたが、このパリ万博から「美術品」

として価値があると認識されました。モノの価値は、見る人や焦点の当て方によって変わることがおわかりでしょう。

このように、自分の新しい価値に気づくためには、視点の違う第三者の存在も大切なのです。

6　クリエイティブ・ディレクターを雇う

●プロと一緒にブランディングを行う

ブランドイメージの構築には、敏腕のプロデューサー（クリエイティブ・ディレクター）の存在が必要です。

デザイナーは芸術家です。自分の好みを追求してしまう傾向があるため、デザイナーに頼りすぎると、ブランド、企業全体が浮き沈みするリスクがあるでしょう。

そのため、ビジネスの成功には、芸術家をプロデュースしてくれる能力を持った人が必要になります。その点において、デザインや、ブランド価値の向上に大きな影響を与えているのはクリエイティブ・ディレクターにほかなりません。

ミュージシャン、画家などの芸術家も、表現のクオリティーを追求し、それが認められて有名になると思われがちですが、実際は違います。芸術家は、プロデュース能力がなければ、能力がどれだけあっても表に出られないのが現実なのです。

●ビートルズの成功はマネージャーのプロデュースによるものだった

ビートルズは高い才能を持ったロックバンドでしたが、それだけで有名になったわけではありません。ビートルズの世界的な成功は、マネージャーのブライアン・エプスタインの手腕に支えられていたのです。

(例) マネージャーのブライアン・エプスタインの手腕

・ファン層を広げるために、メンバーのイメージを変更
　Before：リーゼントに革ジャンの不良
　After　：マッシュルームカットにテーラードのスーツ。ステージマナーも教える
・服はマネージャーが自腹で購入
・音楽には口を出さなかった

このようなマネージャーのブランディングによって、ビートルズのブランド価値を高め、世界的なスターになっていったのです。

あなたの会社には、このようなプロデューサーはいますか？

企業の場合も、職人気質の人にはマーケティングはできません。

職人とは違う視点を持った、専門のマーケターやクリエイティブ・ディレクターを入れて、ブランディングを行いましょう。

第６章　まとめ

- □ ブランドイメージは、リアルで３年、ＳＮＳなら３か月で定着する
- □ 人気ブランドには必ずアイコンがある
- □ 経営者自身もアイコンになる
- □ ロゴ・アイコンは、SNSで見やすいデザインにしよう
- □ 企業の成長を支えてくれる地元を、大切にする
- □ 定期的にブランドイメージにブレがないか見直して、リブランディングしよう
- □ ブランディング成功の秘訣は、専門家と一緒に行うこと

第7章　お客様から愛されるための秘訣を学ぶ

1　ロックバンドからファンマーケティングを学ぶ

●グレイトフル・デッドのマーケティングは現代に合っている

ファンマーケティングでご紹介したいのが、アメリカのロックバンド「グレイトフル・デッド」です。

グレイトフル・デッドは、1960年代にアメリカ西海岸サンフランシスコで生まれたバンドです。

日本では、ヒットした曲やジョン・レノンのようなアイコンになるスターがいなかったこともあり、日本国内ではあまり有名ではありませんが、ビートルズやローリング・ストーンズと同じくらい歴史があるグループで、世界的に見ると、結成から半世紀たった現在でも人気があります。

グレイトフル・デッドは、当時の常識を180度覆すような方法で、人気を獲得していました。

第7章では、彼らのマーケティングの秘訣をご紹介していきましょう。

●ファンを喜ばせることで、ブランド価値を高めていった

当時はまだインターネットがない時代だったので、ライブはレコードの宣伝が目的でした。

多くのアーティストは、レコードをゴールドディスクやプラチナディスクにするための販促とし

てライブツアーを行っていたのです。
そのような時代に、グレイトフル・デッドが行っていたマーケティングの特徴は、
(1)レコードの販売ではなく、ライブで稼ぐビジネスモデルを構築
(2)コンテンツを無料で提供
という大きく2つがあります。

(1)レコードの販売ではなく、ライブで稼ぐビジネスモデルを構築

一般的なアーティストの場合

・ライブはレコードの宣伝が目的
・選曲はミュージシャンのベストソングと、新しいアルバムの曲のみ
・曲順やセットはいつも同じ
　↓いつも同じため、ファンは一度行ったライブにリピートしなかった

グレイトフル・デッドの場合

・ライブは稼ぐ場所として、ほぼ恒久的にライブ活動をし続ける
・ファンが喜ぶためのライブを考え、ライブの備品（照明、音響システム）に大金を費やした
・曲順やセットを変え、同じ曲でも演奏の仕方をあえて変える
　↓毎日違うライブを提供するため、ファンはライブに何度も通う

・観客もライブの重要な要素になり、ファンのコミュニティーがグレイトフル・デッドの魅力
　↓熱狂的な一部のファンが、メンバーと一緒にツアーを回るようになり、駐車場で食べ物や洋服を販売。

このように、ファンもコンサートの一部になっていたのです。

(2)コンテンツを無料で提供

一般的なアーティストの場合

・レコードが売れなくなるため、ほとんどのアーティストがライブの録音を禁止

グレイトフル・デッドの場合

・ファンにライブの録音を許可（録音した音楽の商業販売のみＮＧ）
・よりよい音質で録音できるよう録音機械をセットできるセクションを設置
　↓録音した音楽を聞いた人がファンになり、ライブのチケットが売れていく
・ライブ終了15分後には、プロが録音した音源を３枚組ＣＤで販売
　↓帰宅中の車内で聞くために、自分の録音とは別に購入する人が大勢いた

現在は、音楽の無料提供は認知拡大につながることがわかり、多くのミュージシャンが音楽コンテンツを一部ネットで無料提供しています。

このようにして、グレイトフル・デッドは、ファンマーケティングを上手に行い、
「ライブでは儲からない」
「音楽を無料提供したら儲からない」
という常識を覆していったのです。

●無料提供で認知が広まる

スターバックスは、シアトルで1号店を開店した際に周囲の人に「コーヒー無料券50杯分」を配ったそうです。

こういったサービスがあると、まず、お客様から好印象を持たれやすくなります。

コーヒーが無料であっても、サイドメニューを購入してもらいやすくなるので、コストの回収もできます。

また、ここまで回数が多いと、無料券を使い切る前にその店でコーヒーを飲むことが習慣になりますし、店のよさもしっかり伝わるでしょう。

そうしてファンになった人は、お店をよく伝える伝道師になってくれるのです。

最初の無料提供は、会社にとってプラスの側面が大きいものですから、ぜひ、認知拡大のためにも有効活用してみてください。

これもイメージ戦略の1つです。

2　ファンと直接つながる販路をつくる

●直接ファンとつながることで優良顧客をより大切にしていた

話をグレイトフル・デッドに戻しましょう。グレイトフル・デッドは1970年代はじめにファンクラブをつくり、ツアー情報を少しでも早く届けられるように工夫をしました。

また、自前のチケット販売事務所をつくったことで、もっともよい席を熱心なファンに提供できるような仕組みもつくったのです。

このように、コミュニティーをつくり、優良顧客を丁寧に扱うことで、ファンがより熱心なファンになり、グレイトフル・デッドの活動の支えになっていきました。

そして、この自前のチケット販売事務所の仕組みには、ビジネスにおいてとても重要なポイントが隠されています。

それは、何かに依存せずに、直接ファンの集客ができる方法を設けたことです。

今も昔も、ビジネスで一番大変なのは集客です。現在は自分で集客しなくても、お金を出せば集客してくれるサービス（楽天、ホットペッパー、マイナビなどのポータルサイト、一括見積もりサイトなど）がたくさん出てきましたが、これは諸刃の剣でもあります。

なぜなら、そこで集客ができなくなったら、途端に経営が傾いてしまいかねないからです。

●集客を依存するとお客様を集める能力が下がってしまう

会社を守るための目安として、1つの場所から収益や集客を30%以上依存しないように注意しましょう。

(例)　集客サイトのメリットとデメリット

・メリット：自分で集客しなくていいからラク
・デメリット：ビジネスの生殺与奪の権を相手に握られている

集客は筋トレと同じで、取り組み続けなければ強くなれません。トライ&エラーの数だけ、お客様のニーズを敏感に拾える力がつき、よい結果につながるのです。

そして、集客のよし悪しはダイレクトに売上の数字に影響します。

ビジネスを安定させるには、グレイトフル・デッドのように、自ら販売する能力や仕組みを設けることが大切です。

ありがたいことに、現代は、SNSやインターネットが発達し、自らお客様に直接販売できるツールがたくさんあります。

SNSをうまく活用し、お客様に直接販売できる手段や仕組みをつくることでビジネスを強化していきましょう。

拙著『儲かる会社のつくり方大全』(セルバ出版)や『確実にお申し込みが入るInstagram集客』(Kindle出版)などでも詳しくご紹介していますので、ぜひ参考にしてみてください。

●中間業者を入れないことでバンドイメージを高めていった

グレイトフル・デッドは、中間業者を入れないチケット販売方法を取り入れたことで、経営だけでなく、バンドの価値も高めていきました。

(例) 中間業者を入れないチケット販売方法

・ファンの手元に確実にチケットが届くように、チケットの注文プロセスを管理可能になった
・ブローカーやダフ屋のチケット代金の水増しを防げるようになった
・精巧に装飾した、独自のチケットを印刷することで、特別感を演出した

このような積み重ねの結果、グレイトフル・デッドは、現在も多くのファンから愛されているのです。

●熱心なファンには「特別扱い」をする

グレイトフル・デッドは、ファンをとても大切にしていたバンドです。

多くのバンドは、つい新しいファンの獲得に力を入れてしまいがちですが、グレイトフル・デッドは、熱心なファンを常に特別扱いし、大切にしてきました。

たとえば、仲介業者を通さずにチケットを販売する仕組みをつくったあとは、熱心なファンにだけ特別な電話番号を用意し、そこに電話をするとバンドのツアー情報がわかり、チケットの購入ができるようにしていました。

このようにして、一番よい席は常に適正な価格で、グレイトフル・デッドの熱心なファンの手に渡っていたのです。

時間とお金を費やしてくれる人に対しては「あなたは大切な方です」とはっきりわかるようにすると、相手は喜び、ますます応援してくれるようになるでしょう。

ラグジュアリーブランドも、ファンマーケティングを重視しています。基本的に少量多品種で販売を行っていますので、優良顧客に対してだけ先に新作を告知し、特別室で優先して販売することで、特別感を演出しているのです。

そしてこれは、一般のビジネスでも同じことがいえます。何度も繰り返し購入してくれる熱心な人には先に情報をお伝えし、よいモノが手に入りやすくなるよう、大切にしましょう。

3　ファンのコミュニティーを盛り上げ大切にする

●ファンクラブでコミュニティーをつくる

グレイトフル・デッドは、1960年半にはファンのコミュニティーをつくっていました。

バンド初期は、メンバーとファンが一緒にパーティーをしていたそうです。

無料のミニライブを行い、好きな音楽を一緒に楽しむ喜びをファンに提供していました。

しかし、ファンが増えたことで、深いつながりのコミュニティーの継続が難しくなったことで、ファンクラブをつくったのです。その方法は、「住所を教えてくれたら、すぐに情報を教えます」と伝え、会報を送るというものでした。

また、熱心なファンのためには別にホットラインもあり、電話をするとメンバーの録音の声が聞けたそうです。

このファンクラブは、住所と名前を得る、現在のリストマーケティングのようなものでしょう。また、会報でバンドの情報を発信し、いまのＳＮＳ投稿のようなものを行っていました。このような積み重ねの結果、グレイトフル・デッドには熱狂的なファンが大勢いたといえます。

〔会報の内容〕

- バンドのツアー日程
- グレイトフル・デッドのファミリーについての近況
- メンバーのソロ活動
- ツアーのクルーや事務所の社員などの結婚式や子どもの誕生日のお祝い
- 手書きのイラストやバンドの近況についての記事
- どんな楽器を使っているのか
- どんな趣味なのか
- どんな練習をしているか

このように、ファンの貪欲な好奇心を満たすために、会報ではメンバーについてのありとあらゆるニュースを知らせていました。

グレイトフル・デッドは、ささいな内容でも、ほかの人よりも詳しく知っているというだけで、ファンの自尊心がくすぐられることを知っていたので、このような会報を出していたのです。

また、グレイトフル・デッドからファンへ会報を送るだけでなく、ファンもバンドに手紙、はがき、イラストを送り、交流が生まれていきました。

この会報によって、ライブでファン同士が出会ったり、共通の趣味を分かちあったり、近日開催されるイベントについて情報交換ができるので、コミュニティーの一員であることを実感できます。

会報は、ファンへの単なる状況報告だけではなく、インターネットがない時代に、何千人もの人々をまとめるためのツールでもあったのです。

●コミュニティーは横のつながりで拡大していく

ファンコミュニティーが活発だったことによって、何年も同じ顔ぶれの仲間とライブに行くファンも大勢いました。

彼らにとってライブは、ライブの前や休憩時間にビールを飲みながら仕事、結婚、子どものことなど、なんでも話せる友人と集まる場でもあったのです。

ツアーのキャラバンは、「友人と共有する冒険の旅」のようなもので、ともに成長し、音楽面でも精神面でも絆を共有する仲間だったのです。

リストという資源を大切にし、コミュニティーを形成することで、お客様同士の絆も生まれ、輪が大きくなっていきます。

ほかの業界であっても、この仕組みは変わりません。グレイトフル・デッドを参考に、熱心なファンを大切にするファンマーケティングを行いましょう。

4　まわりとの提携でビジネスを拡大していく

●協業することでファンが増え、拡散力が増していった

グレイトフル・デッドは、関連グッズやロゴの扱い方についても、ほかのバンドと異なっていました。

一般的なアーティストの場合

・オフィシャルグッズを確実に売るために、コピー商品の販売を禁止

グレイトフル・デッドの場合

・オフィシャルグッズの販売

・ライセンス料を支払うことで、ロゴを使用した商品販売を許可（行商人をパートナーにした）

もともとは、行商人が勝手にコピー商品をつくり、駐車場で販売したことがきっかけでしたが、ライセンス契約で許可した結果、行商人がツアーに同行し、ライブ会場の駐車場で関連商品を販売。ロゴ入りのステッカー、シャツ、コーヒーカップ、バイクジャケット、ヘッドバンドなど取り扱う商品数も増え、ファンがくつろげる雰囲気が根づいていきました。

このグレイトフル・デッドのケースからは、まわりの力を活用することで、拡散力が上がるということがわかります。

もし、あなたのブランドを使って収入を得たいという個人事業者や新興企業がいたら、規制するのではなく提携も検討してみましょう。

●Appleとマイクロソフトの協業

ライバル企業との協業は、業界の発展につながります。

たとえば、スティーブ・ジョブズは、Appleに返り咲き経営の実権を掌握した際、MacOS（基本ソフト）を外部にライセンスする方針を撤回し、外部との関係を改革していきました。

とくに、マイクロソフトから1億5000万ドルの出資を受け入れ、MacOS用ソフトの優先開発と供給の保証を取りつけた和解は、世間を驚かせました。

これによって、スティーブ・ジョブズとビル・ゲイツは、両社が互いに利益を得られるウィン・ウィンの関係を目指すようになったのです。

ビジネスは、ライバルと競争し勝ち抜くというイメージもありますが、実際は、協業したほうが業界全体の活性化になり、大きなメリットが生まれることもあります。

発展している業界の大手企業がこのように協業しているということは、ぜひ知っておきましょう。

●社会貢献で社会とつながる

グレイトフル・デッドは、1913年に非営利組織レックス基金を設立しています。

それまでにも、普段のライブで自分たちが興味や感心のある団体を招いたりして、ファンが社会問題について知る機会を提供していました。

1960年からは、慈善ライブの収益をサンフランシスコに寄付し、サンフランシスコの生活向上に関する支援も頻繁に行っています。

真摯な姿勢がファンや周囲の他人にも伝わり、グレイトフル・デッドは、社会貢献をしているバンドとしても有名になりました。

このようにして、グレイトフル・デッドは、ファンを大切にし、社会やコミュニティーに恩返しするバンドというブランドイメージを確立していったのです。

音楽性の高さはもちろん、現代のビジネスにおいても、参考にするべき点が多い魅力的なバンドといえるでしょう。

5　お客様を大切にして価値を高めていく

●情報を知ることで人は価値を感じやすくなる

ここまで、グレイトフル・デッドを参考に、マーケティングとブランディングの大切さをご紹介してきました。では、現代のわたしたちは、どのようにすれば、グレイトフル・デッドのように、ファンに愛される企業になるのでしょうか？

1つ目のポイントは、「ブランドの歴史を語ること」です。歴史を語ることで、共感が生まれ、ファンになってもらいやすくなります。

ブランドの歴史を語る際は、会社の年数は問題ではありません。ぜひ、これまでの歩みを振り返ってみましょう。

・コンテンツの成り立ち、商品の制作秘話

・経営者や、担当者の生きてきた過程

こういったことも、会社の歴史の一部です。そして、すべての歴史に価値があります。

会社ができるまでの過程、商品やサービスが生まれるまでのストーリーを公開することで商品の価値も深まるでしょう。

レストランでも、「特別な野菜を使って、特別な調理をしました」と説明することで、料理への理解が深まり、価値が上がります。しかし、提供する側が発信しない限り、その情報はお客様には届きません。日本では、ブランドの歴史をブランディングとして発信している企業は多くありませんが、それは説明なしで高級料理を提供しているようなものなのです。

（例）商品のストーリー

・「ポテトサラダです」

・「オーナーが○○でわざわざ仕入れてきたじゃがいもでつくった、ポテトサラダです。隠し味にいぶりがっこを刻んで入れています。最初は、スタッフのまかないでつくられた裏メニューだったのですが、非常に評判が高かったため、表メニューとしてお出しするようになりました」

このように説明するのとでは、印象が大きく変わるのではないでしょうか。

商品のストーリーを伝えることで、その会社の世界観もつくることができるのです。

お客様に、会社と商品・サービスの価値が正しく伝わるように、自社の歴史、商品のストーリーを棚卸し、発信していきましょう。

●ブランド価値を高めるためのポイント

２つ目のポイントは、「安売りをしないこと」です。

たとえ、低単価のモノであっても、一度値下げをすると、その後は値段を上げにくくなってしまいます。

たとえば、飲食業界の場合、業界全体で値下げ競争が激化したことがありました。

とくにファストフードではその風潮が強かったため、２８０円のモノを２９８円に値上げした際に、大きく売上が下がってしまったという例もあります。

このように、「安売り」をセールスポイントにしてしまうと、そのイメージを払拭することが難しくなりますし、値上げをした際の反動も大きくなります。もっと高い価格帯になると、より顕著に現れるでしょう。

そうならないためにも、はじめから値下げや安売りをしないことが重要なのです。

●女性向け商品をつくる

３つ目のポイントは、「女性向けに商品をつくること」です。

女性はファッションや芸能やスイーツなど興味の幅が多岐にわたりますし、家庭内では、男性用のモノを女性が選んで買っているケースも少なくありません。

そして、いつの時代においても、流行に敏感なのはやはり女性ですから、ビジネスでは女性に向けてつくることが鉄則といってもいいでしょう。

〔商品購入時の男女の違い〕

・興味があるモノ

女性：ファッションや芸能やスイーツなど分野の裾野が広い

男性：サッカーや野球、iPhoneなど分野が狭い
・購入検討の際に重視するモノ
女性：口コミ、サンプルなど
男性：比較

このような傾向から、女性向け商品は口コミが起きやすい工夫をすることが大切です。実際、ハイブランドマーケティングでは、自ら宣伝するよりメディアや口コミなど他者による宣伝を重視しています。

●お客様の情報を会社内で共有する

4つ目のポイントは、お客様の情報を店舗内で共有することです。お客様情報を共有していないと、複数回来店しているお客様に対して、まるで一見さんのような対応をしてしまうことがあります。

でも、お客様情報があれば、誰でも「○○様、いつもありがとうございます」と言うことができるでしょう。

ある飲食店では、こんなエピソードがあります。

はじめて来店された男女のお客様がいらっしゃいました。そのとき彼氏が誕生日だったため「ケーキを持ってきたので出してもいいですか」と聞かれ、「もちろん、いいですよ」とケーキを出した

ことがあったそうです。それから1年後に来店された際、ケーキのプレートの名前を覚えていたため、「1年前に来られた○○さんですよね」と話しかけたところ、とても喜ばれたそうです。

ラグジュアリーブランドのお店は、それぞれのお客様に対して担当がいたり、情報共有をしたりしています。

しかし、まだまだ多くの業界で、お客様の情報共有はできていません。店長やベテランの人が「あの方は○○さんと言う常連さんだからよろしくね」とひと言伝えるところからでもいいので、お客様の情報共有を始めましょう。

6　ＶＩＰ向けのサービスをつくる

●会社の発展にＶＩＰ顧客は欠かせない

飛行機にはファーストクラス、コンサートにはS席、ホテルにはスイート・ルームというように、あらゆるサービスには「ＶＩＰ待遇」があります。

キングコングの西野さんもお話しされていますが、じつはＶＩＰ向けの商品は、ここで利益を確保することで一般の人が商品を購入しやすくなるという仕組みになっています。

飛行機もコンサートも、もしＶＩＰ席をなくして一律の金額にしてしまうと、値段が一般向けの何倍にも上がってしまうのです。ＶＩＰ対応というのは、決してお金儲けのためだけでなく、多くの人が、サービスを利用しやすくするための大切な仕組みなのです。

この仕組みで成功している国があります。それはドバイです。

じつは、ドバイではほとんど石油が取れないのですが、ここ50年程度であそこまで発展してきました。その理由は、「オイルマネーを持った人（富裕層）がすぐ近くにいた」という立地です。ドバイは、VIP向けの観光と貿易で成功したといえるでしょう。

●VIP戦略で大事なのは、この2つ

VIP戦略を仕掛けるときに、押さえておかなければいけないポイントは2つあります。

(1) VIPサービスをつくる

(2) VIP（富裕層・経営者）に近くにいてもらう努力をする

とくに2つ目の「VIP（富裕層・経営者）に近くにいてもらう努力」には注力しましょう。せっかくVIP席をつくっても、近くにVIPがいなければ売れません。ドバイにとってのアブダビのような存在が、ビジネスには必要なのです。

とはいえ、VIPは自然発生することはありません。少しいい方は悪いですが、VIPは「開拓」しなければいけないのです。

キングコングの西野さんの場合、あれほど有名なのに地元の経営者と頻繁に飲み会を行っているそうです。経営者同士で話しているうちに、

「今度の○○、一緒に行こうよ！」

という話になり、それがＶＩＰ席の販売につながっていくわけです。このＶＩＰの開拓なくして、ＶＩＰサービスは売れないでしょう。

●ＶＩＰ待遇で特別感を演出する

基本的に日本企業のサービスは、挨拶やマナーなど待遇も高品質です。

しかし、ＶＩＰ客に対する特別待遇について、さらに積極的に行っている企業はそれほど多くありません。基本の対応がよいことはもちろんですが、これからは、ＶＩＰ待遇の強化にも目を向けていきませんか？

(例) ラグジュアリーブランドのＶＩＰ待遇

・季節ごとの新作発表のコレクションに招待する
・ＶＩＰルームへ案内し、新作を一足先に見ることができる
・軽い食事やドリンクも提供している
・表紙のしっかりした特別カタログを送る
・電話１本で商品の取り置き可能
・オーダーメイドやパーソナライゼーションなど、特別なオプションが利用できる
・誕生日に特別なプレゼントを贈る

・新商品の発売イベントや、特別なパーティーへの招待
・特別なノベルティをプレゼントする

このような特別なサービスによって、「あなたのことを特別に思っています」ということがより相手に伝わるようにしていきましょう。

7 商品・店・人のすべて上質にすることが「VIP対応」

●お客様に心地よく買い物を楽しんでいただく

日本人の場合、「VIP対応」よりも「おもてなし」という言葉のほうが、イメージが浮かぶかもしれません。お客様に喜んでいただけるように、商品・店・人のすべてにおいて、上質なモノを提供しましょう。

たとえば、ケンゾーエステイトは、アメリカのカリフォルニア州ナパ・ヴァレーにある世界有数のワイナリーです。ナパ・ヴァレーといえば、プレミアムワインの銘醸地として名高いワイン産地で、熱狂的なワインファン垂涎の「カルトワイン」が生まれる場所としても有名です。2019年には、ワイン造りへの情熱と功績が認められ、全米メディア「ボンフォーツ・ワイン&スピリッツ・ジャーナル」にて、栄誉ある世界のトップ100ワイナリーの1つに選出されました。

ナパの数あるワイナリーのなかでも、高く評価されているケンゾーエステイトでは、ワイン造りを取り巻く環境全体を表す概念「テロワール」にこだわり、上質なワインを次々と世に送り出しています。

わたしは、以前ケンゾーエステイトに行った際、店員の知識の深さと丁寧な対応に感動したことがありました。

1つは、ワインの提供の仕方です。新しいボトルを開けて、店員がテイスティングして中身を確認してから提供します。ソムリエの資格があるらしく、とても詳しいのです。また、ストリートファイターで成功した、ゲームの会社カプコンの系列だとわかっていたので尋ねると、自社の歴史にも詳しく、わたしはそれが楽しくてさらに聞いていると、厚みのある会社の冊子を渡されました。それは自社のストーリーが記載された本でした。

そこには、会社の歴史、ワイナリー、生産者、各商品についてなど、ワインサロンのことが詳細に記載されていたのです。わたしは仕事上、

「このブランドストーリーブックは、自分のクライアントにも活用できる！」

と喜んだのですが、酔ってしまって、うっかりその本を忘れてしまいました。慌てて電話すると、後日丁寧な文章とともに本が郵送されてきたのです。この、店内でも店外でも質の高いサービスに、非常に感激しました。このように、商品だけでなく、店、人すべての質を高く保つことが、ＶＩＰ対応、上質なおもてなしなのです。

●ブランドの質はコンセプトから決まる

サービスの質を上げる大きな要素は、ブランドのコンセプトです。ブランドコンセプトに合わせて、商品も店も人もぶれずに一貫したサービスが提供できるのです。

先ほどのケンゾーエステイトは、大きく3つのコンセプトを掲げていました。

(1) ナパ・ヴァレーの雰囲気を再現した美空間

大自然に囲まれた美しい葡萄畑、朝霧のなかに佇む幻想的な醸造所、オーク樽が整然と並ぶ神秘的なケーブなど美景の数々が飾られた壁。さらに、カウンター奥の棚には、「紫鈴 rindo」のボトルが整然と並び、ワイナリー独特の雰囲気を醸し出しています。これは、「現地でしか体験できないワイナリーでのテイスティングを、日本に居ながら満喫できるように」という想いを形にしているそうです。

(2) プレミアムワインを気軽に愉しめるように

「上質なワインを1人でも多くの方に愉しんでいただく」という理念を体現するため、日本でもナパのワイナリーと同じ様に、ケンゾーエステイトのワインをグラス1杯からでも気軽に味わうことができます。

(3) 精鋭シェフ陣が手掛ける美食

ワインに合わせる料理も、精鋭シェフ陣が腕をふるい、ケンゾーエステイトのワインに合うように工夫を凝らされた美食が、モダンフレンチから本格和食まで、店舗ごとにバラエティー豊かな料理が取り揃えられています。

このように、明確なコンセプトにしたがって、サービスが提供されているため、ブレずに質の高いサービスが提供できているのでしょう。

8　高級なサービスは、提供する「人」が重要

●「人」の質を上げていく

サービスを提供する「人」は、ある意味ブランドの顔です。

どのブランドでもいえることですが、どんなに商品がよく気品溢れるモノであったとしても、販売する「人」の接客や対応の質が低ければ、ブランドの価値はみるみる落ちてしまうでしょう。

それを回避するために絶対的に必要なのが、「このブランド（企業）で働いている」というように、よい意味でのプライドを持つことです。

「自分はこのブランドの顔だから最高の接客をしよう」

「長い歴史を築き上げてきたブランドに、泥を塗らないように完璧な接客をしよう」

こういった心構えとプロ意識を持つことが、質の高い接客につながります。

とくに、高級品を扱い、ＶＩＰに向けたサービスを行うのであれば、商品の質だけでなく「人」の質も上げていきましょう。

●知識をお客様に提供する

質のよい対応、おもてなしをするためのもう1つの要素は、「知識」です。

ラグジュアリーブランドでも、ブランドの歴史、創業した年、創業者、理念、コンセプトといった、基本中の基本から、時代に合わせて商品がどのように変化してきたのかなど、自社のブランドの知識をしっかり身につける教育をしています。

また、ラグジュアリーブランドの場合、購入するお客様は、販売員に意見を聞いて購入するケースも多く、販売員をコーディネーターとして扱っているようです。

そのため、ラグジュアリーブランドの販売員は、いまのファッション業界のトレンド、お客様のご要望のイメージを自社ブランドの商品でどう応えられるか、お客様に似合うスタイルをいかに上手に提案できるかが求められます。そのために、ファッション知識も欠かせません。こういった知識を身につけ、活用しながら、お客様に対応できる人を育成することが、企業には必要不可欠なのです。

●相手に特別感を感じてもらうことが「極上のおもてなし」

何を持って「VIP対応」「極上のおもてなし」と感じるのかは、人によって違うかもしれません。

しかし、どんな業界であっても、質の高い接客をするには、最低限押さえておくべきことがあります。

(例)最低限押さえておくべきこと

・お名前を呼んで接すること
・正しい日本語や敬語を使うこと
・所作や会話が上品であること

このようなポイントはしっかり押さえておきましょう。

そして、目の前にいるお客様だけに集中し、専属の執事のような役割に徹することでさらに「自分は特別扱いを受けている」と感じられるはずです。

また、購入のときだけではなく、購入後のアフターフォローを忘れないこともポイントです。手書きの手紙を送ったり、お礼の電話をかけたりして、お客様が「自分は特別扱いを受けている」とわかるように接することを心がけましょう。これによって、「人」の質はどんどん上がっていくはずです。

9　飲食店でもファンマーケティングが有効

●常連客をさらにお店のファンにする

特別感を与えるような演出は、高級品を扱い、金額を上げる以外でも行うことができます。わたしの知人のマーケターの相澤辰典さんが、居酒屋で成果を上げていた「ファンマーケティング」を例にご紹介しましょう。

彼は、お店の定休日の日曜日に、常連客に対してのみ、「新作料理発表会」というVIP会を開催していました。

〔新作料理発表会のルール〕

・参加費をいただき、コース料理を提供します
・同伴者を連れて来てください
・オススメのお酒を持参して来てください

このルールのなかに、マーケティングのポイントが隠れています。

まず、同伴者がいることで会話が広がりやすくなりますし、知人を連れて来てもらうことで、新しいお客様が増えていくようになるからです。

2つ目は、「好きなお酒」を持ってきてもらい、お酒にまつわるエピソードを教えてもらう点です。

「妻とはじめて飲んだお酒です」
「こういう点が好きなお酒です」

というように、ストーリーを共有しながらみんなで味わうと、場も盛り上がり、打ち解けやすくなります。

すると、別の日に常連同士が偶然再会した際に会話が生まれ、

「また今度一緒に飲もう！」

と連鎖的に来店につながるのです。

●お店は仲間と集まるコミュニティーの場にする

お店を特別な場にするために、まずお客様同士をつなげることを考えてみましょう。

相澤さんの場合、「お客様同士が仲よくなることが嬉しいから」と始めたことだったそうですが、1人で来る常連客でも、共通点が見つかったときはタイミングを見て、「あのお客様も同じ趣味なのでおつなぎしてもいいですか？」と尋ねてから、引き合わせたりしていたそうです。

最初はカウンターで1人だったお客様同士が、テーブルに座って飲食し、さらに人の輪が広がり、宴会になったこともあるそうです。そうなると、お店は、ただ食事をするところではなく、「この店に行けば、誰かと会える」という特別な場所に変わります。

最初は、お客様に仲よくなってもらいたいという気持ちから始めたことが、結果的には売上につながるという、ファンマーケティングの好事例になりました。

10　MEOを活用していますか？

●MEOからイメージを構築していく

あなたの会社は、MEO対策をしていますか？

MEOとは、地図アプリで検索した際に、お店を見つけてもらえる方法です。そのためには、Googleビジネスプロフィールにお店を登録し、しっかりとお店の情報を記載する必要があります。

登録情報量によってGoogleからの評価が上がる傾向があるとされているため、載せられる情報はきちんと記入しましょう。

また、お客様の声が入ってきたときは、1件ずつ返信するのもポイントです。クレームがあった場合にも、真摯に対応し、お詫びを書いて、今後の対策に活かしてください。

集まってくるお客様によって、お店の雰囲気、空気感、世界観がつくられ、集まっている人が新たな人を呼びますが、類は友を呼び、客層がつくられていくのです。

お客様の声について、こんなエピソードがあります。

土曜日のピークタイムの居酒屋さんに、日本語がまったく話せない、海外のお客様が来店しました。本来であれば、効率が悪くなるため来店を断ることが一般的です。

しかし、そのお店では、「せっかく来店していただいたので」と、お店に入ってもらうことにしました。当然、スマートフォンで翻訳しながらメニューを説明し、翻訳アプリを使っても理解できないときは、常連の英語を話せるお客様が教えてくれました。常連の方々がお店に協力的で、みんなでお店を盛り上げようという雰囲気をつくってくれたのです。

その結果、その海外の方に、日本食も日本酒もとても喜んでもらえたそうです。

お客様が帰ったあとに、Googleで1つの英語で書かれたコメントがつきました。しかも、そのお客様が、人生ではじめてつけたコメントです。

いままでいろいろなお店のコメントを書いてきた人ではないにもかかわらず、はじめてコメントをしてくれたということに、お店の人もとても価値を感じたといいます。

このように、ネット上でもコミュニケーションは生まれますし、このような交流がお店の評価やイメージにもつながります。

ぜひ、ＭＥＯも活用しながら、ブランドイメージを構築していきましょう。

●ＭＥＯでも口コミを上手に使う

口コミは有効な宣伝ツールです。お客様は、あらゆる口コミサイトや評価サイトを見て判断材料にしているものです。ですからネット上の口コミは大切にしましょう。

口コミは数が多いほどよいですが、わたしは口コミの質も重要だと考えています。それは、質の高いお客様の口コミが、質の高いお客様を集めるからです。ですから、割引クーポンで獲得したお客様の口コミは似た人を集めます。割引と引き換えにアンケートを書いてもらうのではなく、長く愛用されている方や優良客を選んで口コミをお願いしましょう。やみくもに口コミの数を増やすのではなく、質の高いお客様の口コミを増やすことが大切なのです。

●宴会の対応で差をつける

口コミの評価を上げるためにも、お客様に喜んでいただくためにも、お客様のニーズをつかむことは重要です。先ほどの居酒屋の場合、宴会の予約のために特別なＰＤＦを作成し、お客様にお渡ししています。

これは、会社の宴会幹事を行う新人社員さんに向けたサービスです。

一般的な居酒屋の場合

・宴会コースは「3000円、4000円、5000円」+「飲み放題のオプション」

・コースのメニューにバリエーションが少ない

・メニューの変更不可

相澤さんの居酒屋の場合

・料理のバリエーションがあり、お客様のニーズに合わせたコースがつくれる

・「○○会社宴会用資料」というPDFを作成・お渡ししている

このPDFの資料には、席の配置や人数、当日提供予定の料理の写真なども掲載しておきます。こうすることによって、宴会の担当者(多くの場合新人社員)が上司に報告する際に、資料を作成する手間を省くことができるのです。

一方、紙のチラシを渡すだけでは、上司への提案時、場所と金額だけ事務連絡になり、料理のことまでは伝わりません。食べログのリンクを見てもらえるかどうかといったところでしょう。

しかし、お店で作成したPDFなら、詳細の情報がわかるので、宴会が楽しみになり、当日の満足度も上がります。

(例)PDF資料のメリット

・PDFのファイル名を「○○会社用」「○○様用」にすることで、その会社に向けたオリジナルプランのような演出ができる
・席順や料理の画像があることで、イメージが伝わりやすくなる
・PDFは保存・共有ができるため、その後の集客につながる可能性が高まる

このように、お客様の視点で考えることがファンマーケティングのポイントです。

お客様に喜んでいただけるサービスが差別化につながり、いいブランドイメージをつくってくれます。高級ブランドでなくても、お客様を大切にすることが、会社を支え、拡大してくれるものです。ぜひ、大切なお客様に「特別感」を感じてもらえるような仕組みをつくっていきましょう。

11　売ることより、コミュニティーづくりから始める

●コミュニティーは一般化できない強みになる

売上を上げるために多くの人がまず考えるのは、「どうすれば売れるのか？」です。

しかし、ビジネスの初期段階では、「販売すること」より「コミュニティーに入ること」にも目を向けましょう。それは、モノを売るには信頼が必要だからです。

コミュニティーに入ると定期的に会う機会がつくれるため、信頼が手に入ります。

このとき、無料の場所には、無料を好む人が集まります。有料の場所には、そこに価値を感じる

人が集まるため、当然有料のほうが質のよい人と出会えるでしょう。有料コミュニティーや高額な講座などは、とくにオススメです。月額課金の金額が高いほど、質のよい見込み客が集まります。

コミュニティーは定期的に会う機会があるので、自然に仲よくなります。「入会したから」といってすぐにビジネスを売り込むのではなく、時間をかけて仲よくなることから始めましょう。仲よくなるには時間がかかります。1年以上の期間をかけて価値観を共有し、お互いのことを知ることが大切です。

また、いまの時代は出会いのキッカケがオンラインであることも増えました。オンラインとオフラインで印象が違う人もいます。また、お互いのビジネスも知っているようで知らないことのほうが多いものです。出会う回数や時間の長さによって人間関係や信頼はつくられていきます。ビジネスだからと参加しても、まずは人間関係の構築が始めの一歩です。

そして、場に足を運ぶだけでなく、自分でコミュニティーの場をつくることもビジネスにおいてはプラスになるでしょう。

12 現代はイメージで選ばれる時代になりつつある

●よいイメージを持たれることがチャンスにつながる

最後に、近年、人が判断する際の大きなポイントの1つが「イメージのよし悪し」です。テレビタレントを見ていても、不祥事でテレビに出て来られなくなる人が大勢います。イメージの低下を嫌うCMスポンサーや、TV局やそれを見ている視聴者の目も厳しくなっているのです。テレビも、内容のおもしろさや過激さよりも、イメージがよい方を選択する傾向があります。

会社も有能な人材よりも人柄などイメージのよい人を選ぶ傾向が高くなっています。いままでは高い能力のある社員を求める傾向がありましたが、能力の高い人はやがて組織を離れたり、反旗を翻したりするケースも多いため、採用の決め手は人柄や熱意などの「相手のイメージ」に変わって来ているのです。これは、高い能力が必要なときに外注するという社会環境が整い始めたことも影響しているかもしれません。

同じように、企業や商品も、性能よりイメージのよいモノが選ばれるという世の中の傾向に対応していかなければいけません。たとえば、オリックスや楽天は、球団を買収した当時はそれほど認知度の高い会社ではありませんでした。しかし、球団を持つことで「スポーツのスポンサー」というクリーンなイメージと認知が広がり、いまでは多くの人がよいイメージを持つ会社になっています。よいイメージを持たれることが、お客様に好まれ接点を持つことができる条件になっているのです。

これからのビジネスでは、先に例に挙げたバンド、グレイトフル・デッドのように、ファンを大切にしてファンからも愛され、社会に貢献して社会に広まるようなマーケティング戦略を持った企業が生き残っていくでしょう。

第7章　まとめ

- □ 「ファンを喜ばせること」＝「ブランド価値を高めること」
- □ ファンコミュニティーをつくろう
- □ 高額商品を購入してくれるVIPに向けた、特別なサービスをつくる
- □ 商品・店・人のすべて上質にすることが「ＶＩＰ対応」
- □ 相手に特別感を感じてもらうことが「極上のおもてなし」になる
- □ ＭＥＯや口コミも活用して、ブランドのイメージを構築していこう
- □ 現代は、「よいイメージ」を持たれることがビジネスチャンスにつながっていく

第8章　高額商品を扱えるようになる方法

1　国家も企業も、維持するにはお金が必要

●お金がなくなることで国も行き詰まってきた

突き詰めて考えると、ビジネスは「お金儲け」です。

利益ばかり追求しているわけではありませんが、それでも利益を出すことは必要です。

職人気質の人や芸術家気質の人は、お金儲けすることを悪く感じ、抵抗感を覚える人も多いかもしれません。

しかし、国家の歴史さえも「お金」という視点で考えると見え方が変わってきます。よくも悪くも、お金は、国家や企業や小さなコミュニティーの繁栄と衰退に大きく影響するものなのです。

たとえば、ナポレオン・ボナパルトの軍が強かったのは、他国に比べてフランス軍の費用が安かったからです。

ほかのヨーロッパ諸国は、傭兵による高額な軍隊を使っていたため、どこの国も重い財政負担となっていました。でも、ナポレオン・ボナパルトは徴兵制の導入により、安い費用で大きな軍隊を動かすことができたのです。

しかし、フランスは前国王時代からの借金が滞っており、新たな軍資金を調達することはできませんでした。そのためナポレオン・ボナパルトは、一時はヨーロッパ全土に兵を進めるも、長期戦

には耐えきれず、最後には敗退してしまったのです。

そのほかにも、古代エジプトは３０００年もの長きにわたり、その栄華を維持してきました。しかし、それ以降は、度々周辺国から侵略を受け、平穏な時代を築けなかったのです。

その大きな要因に徴税システムがあります。古代から現代まで、その国の王や政府にとって一番面倒で大変な作業が徴税です。税金が多すぎると、民は不満を持ちますし、少ないと国家が維持できません。税金のかけ方が不公平になっても民の不満の材料になりますし、徴税のやり方がまずければ中間搾取が多くなり、国の収入が枯渇します。古今東西、国家を維持していくためには「徴税システムの整備」と、「国民生活の安定」が絶対条件だったのです。

歴史からみても、お金の有無は国の盛衰を左右するほど、大きな影響力を持っていたことがわかります。

●お金を稼ぐことは企業の安定につながる

Apple も Google もマイクロソフトも、高利益企業です。

ビジネスのとらえ方も価値観も人それぞれですが、企業のお金儲けは、あくまでビジネスをスケールアップさせて、多くの人に届け続けるために必要という話です。

お金は、喜びや感謝を数値化したモノと考えてもいいのです。

喜ばせた人が多いほど、お金も増えると考えていいでしょう。

「貧すれば鈍する」という言葉もありますが、お金がネックになってビジネスが広げられないというケースは本当によくある話です。最終的に、自分がどのレベルまで到達したいのか器を考えておきましょう。

数百人、数千人規模、また自分が生きて生活していくレベルなら、職人的な働き方でもかまいませんが、数万人規模にする場合、職人には限界があります。

自分も目標を決めて、それに合ったビジネス戦略を立てていきましょう。

●長期の組織は内部の腐敗に注意する

いつの世も、官僚機構は年月が経つと腐っていくものです。

国の栄枯盛衰には、一定のパターンがあり、徴税がうまくいっているときは富み栄えますが、やがて役人たちが腐敗していくと、国家財政が傾きます。しかし、それを立て直すために重税を課すと、領民の不満が渦巻くのです。そして、国内に生まれた対抗勢力や、外国からの侵略によって、その国の政権は滅びてしまいます…。

官僚組織は、肥大化するほど腐敗する可能性が高くなる特徴があります。一部の裕福な者だけが肥え太り、市民の生活は破綻していくのも、封建制度の確立によって見られる現象の1つです。

平安時代の日本では、税逃れのために農地を寄進して荘園が増えました。それが広まるにつれて国の集中権力は弱まり、各地の有力者が割拠する封建時代となっていきました。

ローマ帝国は、ディオクレティアヌスの時代から100年後には東西に分裂し、やがて衰退することになります。

国の盛衰からもわかるように、お金の分配に失敗し、人事権と決済権が、一部の者優位になってしまうと、内部分裂が起きて弱体化してしまうのです。

ビジネスでも、このようなことが起こらないように、経営していくことが大切です。

●社内の動向は数字を見て検討する

数字は嘘をつきません。

わたしは、あらゆるものを数値化して考えますが、これは、感情判断を防ぐためです。

たとえば、集客数を毎月集計して前年度と比べます。すると、3年おきに集客数の増減があることに気づきました。集客のトレンドに変化があったのです。

最初は、紙媒体の広告が有効でしたが急激に下がり、その次にホームページを使ったSEOブログ集客を行いました。それも、初年度は急激に数字を伸ばしましたが、3年ほどで下がり始めます。

その後、SNS集客やSNS広告に切り替えたところ、また数字が増えました。このような変化は、数字を追っていたからこそ客観的にわかります。

また、あるサロンでは、来客数を記載していると、「リピーターになるのは4回目から」という法則がわかりました。そこで、なんとかして4回目の再来を呼び込む対策をしたところ、リピート率が増えていったのです。

数字を見るのは、会計経理も同じです。

日本の起業家は、あまり数字を見ずに経営していますが、まずは、自分の会社の営業利益を見てみましょう。ネットで検索すれば、他社や一般的な数字が見つかるため、比較することができます。

もし、自分の会社の数値が低ければ、上げられる見込みがあります。また、数値が高い会社があれば自社に取り入れることもできるでしょう。

2　高く売ることは「仕事」

●徐々に高額商品を扱えるようにしていく

繰り返しになりますが、多くの日本企業は、よいモノを安く提供することで競争力を維持してきました。農業国家だったこともあり、クオリティーを高めることは得意です。

しかし、長らくデフレが続き、頼みの綱だった品質では差別化ができなくなっています。

これから先、日本企業が生き残っていくためには、商品そのもののクオリティーがよいだけでなく、それ以外の、形のない「イメージ」などもうまく使って、高く売ることに目を向ける必要があるのです。価値を高めて、商品を高く売ることも「仕事」の1つだと心得ましょう。

とはいえ、わたしも、コンサルでいきなりハイブランドのようなイメージ戦略を推し進めるわけではありません。

まずは、売上を確保し経営を安定させることが大切です。安定的な売上ができてくると、ブランディングに割くための時間やスタッフを配置できるようになるのです。

最初に売れる商品を絞り、それを売るためのプロモーションに専念し、キャンペーンを行いましょう。

売りやすい商品がしっかり売れることで、会社の資金に余裕が出てきてから、社員を増やし、次に、高単価商品を売ることにシフトしていきます。そして、高単価商品が売れるようになったら、そこからようやくイメージ戦略に入っていくのです。

⑴　まずたくさん売る

⑵　お客様を獲得できるようになってから、質を高める

⑶　安い単価、低利益、招かれざるお客様など、ブランドのイメージを下げるリスクを軽減する

この順番で高価格帯を扱う会社にリブランディングしていくことが、成功の秘訣です。

有名なラグジュアリーブランドも、最初からいまの状態だったわけではありません。同じ道を歩んで、高額商品を扱うようになっていったのです。

また、いまの時代は情報社会ですから、売上を強化する際に、ネット販売とＳＮＳの強化にしっかり取り組みましょう。

3　価格競争に巻き込まれないことが会社の存続につながる

●価格競争が起きる理由とは

ここで今一度、なぜ価格競争が起きるのか考えてみましょう。

価格競争は、商品やサービスの価格が主要な競争要因となり、企業が価格を下げることで顧客を引き寄せようとする現象です。多くの業界でよく見られますが、同業者が多い業界や業種で、同じような商品やサービスが溢れると、価格競争が激しくなる傾向があります。

これは商品の特徴や性能に関係なく、主に「どちらが安いか」という価格のみで競争している状態です。

時代の変化によって需要が減少したモノや、古い設備しかないサービス業などで価値が下がったと認識されたモノも、金額を下げることでお客様を集めようとするケースが多々あります。

(例) 金額を下げて集客するケース

・賞味期限が近い食料品
・電化製品の旧型
・築年数が古く設備が老朽化しているホテル

実際、自分が購入する側の場合、おそらく値引きなどのお得さでしか選ばないのではないでしょうか。

とはいえ、価格競争に巻き込まれ、利益が減少することは、多くの中小企業の経営にとって大きな問題です。この流れに乗らないように、対策を考えていきましょう。

4　売れる商品をつくる

●繁盛店の共通点とは

以前、コンサルのためにリサーチした際、エステサロンの繁盛店にはある共通点があることがわかりました。それは、「かならず高単価メニューがある」という点です。

（例1）繁盛しているエステサロン

・60分コース＝1回／1万3500円（税込）

・90分コース＝1回／1万6500円（税込）

（例2）繁盛しているエステサロン

脱毛：×部分脱毛　↓　◎全身脱毛

エステ：×パーツメニュー　↓　◎全身メニュー

このようなメニューづくりになっていたのです。

とくに、部分脱毛などは機械があればどこでもできてしまうので、価格競争になりやすく、単価も利益が下がってしまいます。そのため、あえてメニューに入れないようにしました。

毎回5万円をいただき、次の予約のためにセールストークをしていては、お客様にとっても、お店側からしても負担が大きくなります。そのため、10回、20回の数十万円のコースをつくり、まとめて販売するようにしたのです。じつは、毎月5万円支払うより、半年で30万円支払うほうが、お客様も痛みを感じる回数が減るため、よいこともあります。このように1回の金額を上げて経営を安定させていくことが、繁盛店になる秘訣なのです。

●分割支払いコースをつくる

支払いの回数を減らしたほうがよいとはいえ、デフレが進む日本では、まだまだ高額商品の販売が難しい状態です。そのため、「高額商品の分割支払い」であれば、お客様も購入しやすくなります。

実際、30万円のコースを毎月2万円の分割支払いにしたところ、高額コースが売れるようになりました。現在は、お客様もサブスクリプションで毎月のお支払いに慣れているのです。

ベンツなども、「毎月○○万円から乗れる」というCMが増えました。iPhoneもオプションや機種によって20万円を超えますが、多くの人が分割購入をしています。トータル金額を正確に把握していない人もいるくらいです。

しかし、お客様にとって、高額商品を分割で支払う方法に対する抵抗感が薄れていることに、気づいていない経営者や個人事業主も少なくありません。時代とお客様に合った形で、高単価商品を提案できるような仕組みをつくっていきましょう。

5　複合メニューで単価を上げる

●徐々に単価を上げていく

高額商品をつくる秘訣の1つは、複合メニューをつくることです。

エステサロンの場合、部分脱毛などの単品メニューにすると、比較がしやすくなり価格競争に巻き込まれやすくなります。しかし、全身脱毛とエステメニューを組み合わせたモノにすると、それぞれの単価がわかりにくいため、比較と価格競争に巻き込まれにくくなるのです。

たとえば、ジャパネットたかたの商品は、単体で販売することのほうが少ないのをご存じでしたか。オプションや設置サービス、分割金利無料などの特典をつけることで、商品本来の値段をわかりにくくしているのです。その結果、単価を上げて、高利益を確保できるようにしています。このような要領で、複合商品をつくってみましょう。

●単品より複数メニューのほうがお得な価格設定にする

引き続き、エステのメニューづくりを例に見ていきましょう。

（例）脱毛の金額

・各パーツ1か所　2640円
・　20か所　5万2800円〜4万8400円＠2420円
・　40か所　10万5600円〜8万8000円＠2200円
・顔丸ごと　8800円
・腕丸ごと　7700円
・足丸ごと　4350円
・VIO　8800円
・全身　1万9250円

これを比較すると、各パーツを1つずつ行うより、部分丸ごと行ったほうがお得になるとわかります。あえてこのような料金表をつくることで、高額コースに誘導しやすくしましょう。

エステの場合、まとめたメニューのほうが、長期的なお客様になっていただけるので、より経営が安定していくはずです。

●複合メニューで利益を出している「寿がきや」

寿がきやというラーメン店は、ラーメン1杯390円という価格で販売しています。

じつは、多くの人がクリームぜんざいも一緒に食べるため、客単価は390円＋280円で

６７０円ほどになることで成り立っているのです。

ラーメンでの利益をあえて薄くして客を集め、高利益な甘味で総合的な利益を確保しています。

寿がきやは、地元の人には甘味処というイメージがあるほど、クリームぜんざいが定番化しているのです。飲食店の場合はとくに、このように一品加えてもらうことで、高単価商品をつくることができるのです。

6　お客様に喜ばれる限定商品をつくる

●人は「限定」という言葉に惹かれやすい

買い物に行った際、「期間限定」「〇〇店限定」と書かれているとつい買ってしまうことはありませんか？

人には、「限定商品」がほしくなるという心理があります。

また、オシャレな人やお金持ちの富裕層の人ほど、少しだけほかと違うモノをほしがる傾向があるのです。

そうでなくても、人は誰もが「自分は特別だ」「特別扱いされている」と思いたいものなので、限定商品はその欲求を満たしてくれるのにピッタリなモノなのです。

たとえば、メルセデスベンツ「Gクラス」には、「STRONGER THAN DIAMONDS Edition」という25カラットのダイヤモンドで装飾された限定車が登場します。そして、次のように、特別感が増すような説明で紹介されています。

(1) 特別なボディカラーにダイヤモンドの装飾

4つのステンレス製ドアロックピンすべてに、25カラットのダイヤモンドがあしらわれています。

(2) サイドシルなども特別仕立てになっている

インテリアには、ブラックのナッパレザーにローズのコントラストステッチを施したオールレザーパッケージなどを装備しています。

(3) V8ツインターボエンジン搭載

STRONGER THAN DIAMONDS Edition は、間もなく生産を終えるGクラスのV8エンジン搭載車の最終モデルの1つです。

いかがでしょう？ 車に詳しくない人にも、特別感や期間限定感が伝わるのではないでしょうか。

また、そのほかの高級車も、さまざまなカスタムや特殊オーダーに対応し、顧客満足度を上げています。たとえば、ロールスロイスのサイトを見ると、次のような表記があります。

「ロールス・ロイスはただ購入するのではありません。製作を依頼するのです。つまり、貴方だけのたった一台の車です。グッドウッドから旅立つロールス・ロイスは一台一台すべてがそのオーナー様ごとに違います。弊社のコンフィギュレーターが、貴方の『ビスポーク』のロールス・ロイスを創るお手伝いをします。それは、貴方のビジョンをデザインすることから始まります。これはあくまでも目安としてご利用ください。ご自身のデザインをお近くの正規ディーラーでご確認いただくようお願いいたします」

このように、多くのハイブランドが、お客様へ限定品の特別感を強く打ち出しているのです。あなたの商品・サービスでも、ぜひお客様に喜んでいただけるような特別な「限定品」をつくってみてください。

●ハイブランドに「セール品」は存在するのか？

創業以来セールを行ったことがない、というハイブランドは少なくありません。それほど、「高級品」というイメージを大切にしているのです。

でもじつは、ある条件を設けて、安く売ることもあるようです。たとえば、あるブランドは、広告の目的で客室乗務員向けのセール販売をしています。

客室乗務員は、憧れの職業の１つです。その客室乗務員さんたちが、ブランド品を身につけて空港を歩いている姿は、よいイメージを持たれる有効な宣伝になるのです。

それ以外では、アウトレット店などで安く購入する方法もありますが、よい品を安く販売する「セール品」は基本的には扱いません。人は、セールがあると思うと高い値段では購入しなくなりますし、高級品を扱うブランドという価値が下がるリスクのほうが高いからです。日本の中小企業も、この法則に沿って、値引きやセールでブランド価値を落とさないように注意していきましょう。

7 「ずらし商品」をつくれていますか？

●いまと少しだけ違うモノをつくる

ビジネスの流れも、生物の進化も、ファッションの流行も、じつは変化の仕方は変わりません。たとえば、恐竜はいきなり鳥になった訳ではなく、滑空する始祖鳥がいて、徐々に姿を変えて、現在の鳥になっていきました。ファッションの流行も、無地↓ワンポイント↓柄物へという移り変わりを繰り返しています。基本的には、一部分の変化を繰り返しやがて大きな変化になるのです。

同じように、ビジネス展開も徐々に変化をつけていくことが、成功につながります。いきなり、未経験のことを始めると、感覚や業界のことがつかめていないため、失敗の確率が高まるので危険です。

たとえば、LVMHを築いたアルノーは、建築会社からアパレルを始めたので突飛に思えるかもしれませんが、「不動産で富裕層を顧客にしていた」という共通点がありました。

富裕層の購買動機は、機能だけではありません。手に入れた後に、自分が世の中からどう見られるのか、社会的な地位や自己満足なども関係してきます。アルノーは、その富裕層の人々の思考を熟知していたため、不動産ビジネスからブランドビジネスに移行しても、成功したのです。

●新しい挑戦をする際も高すぎるリスクを負わない

ビジネスを安定させながら変化させていくには、いきなり新しいことを始めるのではなく、これまでのことと関連するものに枝葉を広げていきましょう。

以前、瓦の会社から「これからはＩＴの時代だから、空いている建物を購入しリフォームして、サウナ、Ｅスポカフェ、大ホール、コワーキングスペースを始めたい」という相談を受けたことがありますが、ここまでかけ離れていることを始める場合には、会社にノウハウがない分、リスクが生じます。

ありきたりに思えるかもしれませんが、本業に付随する物販やオンラインサービスを始める、関連するスクールを開講するなど、少しずらした商品をつくることが、一番安全でうまくいきやすいものです。

これまでのノウハウや培ってきた経験を活かせることは何か、という視点で新しい商品を考えてみましょう。

8　お客様が何に価値を感じているのかリサーチする

●お客様アンケートを活用する

自分が考える「お客様から選ばれる理由」と、実際にお客様が選んでいる理由が異なることはよくあります。多くのアンケートを集めることで、お客様が何に喜ばれているのか、本当に選ばれている理由が見えてくるでしょう。そのため、商品をつくる際は、わたしはかならずマーケットリサーチを行います。実際の例をもとに、ご紹介しましょう。

次に、わたしがリサーチを行う際のアンケートの見本を掲載しますので、あなたのビジネスに合うように、修正して使用してみてください。

(例) アンケート見本

＝＝＝＝＝＝＝＝＝＝＝＝＝＝＝＝＝＝＝＝＝＝＝＝＝＝＝＝＝＝＝＝＝＝

オンラインコンサルはいかがでしたでしょうか？
お客様の喜びの声を聞くほど、わたしの仕事に情熱とやりがいを教えてくれるものはありません。よいこと悪いこと、どんなことでも結構です。ぜひ本音をお聞かせください。

＝＝＝＝＝＝＝＝＝＝＝＝＝＝＝＝＝＝＝＝＝＝＝＝＝＝＝＝＝＝＝＝＝＝

① オンラインコンサルの前に、解決したいと思っていたこと、得たいと思っていたことは何ですか？
② オンラインコンサルを受けようと思ったきっかけは何ですか？
③ どこで、このサービスのことを知りましたか？
④ オンラインコンサルを依頼する前にどんなことが不安でしたか？

⑤選んでいただいた理由をお聞かせください
⑥オンラインコンサルを受けて、感じたことを教えてください
⑦もし今回のオンラインコンサルを受けなかったら、どうなっていましたか？
⑧オンラインコンサルを受講する前と受講後に、何か変化があったら教えてください
⑨このオンラインコンサルの受講を迷っている人に一言メッセージをお願いします

＝＝＝＝＝＝＝＝＝＝＝＝＝＝＝＝＝＝＝＝＝＝＝＝＝＝＝＝＝＝＝＝＝＝＝

アンケートをメディアで掲載してもよろしいでしょうか？（□同意する　□同意しない）
同意された方へ：（□氏名と顔写真を公表　□イニシャルと顔写真を公表　□イニシャルのみ公表　□公表しない）
アンケートへのご協力ありがとうございました。
いただいたご意見を反映し、よりよいコンサルティングを心がけます。

＝＝＝＝＝＝＝＝＝＝＝＝＝＝＝＝＝＝＝＝＝＝＝＝＝＝＝＝＝＝＝＝＝＝＝

・お名前／住所
・会社名
・TEL／FAX
・Eメール

9　経営を安定させる商品のポイントを押さえる

●お客様のお困りごとを解決する

ビジネスを安定させるには、ほかとの差別化ができる、何かに特化した商品をつくることも重要です。

(例)特化した商品

・整体　　　　…自律神経専門、めまい解消

・ネイルサロン…深爪

このように、一部のお悩みに特化した商品メニューをつくることで、本当にその商品を必要としている人に訴求することができます。商品を特化することで、価値が上がり、商品の金額も上げやすくなるでしょう。

ラグジュアリーブランドのルイ・ヴィトンも、もともとは、旅行用のトランクが有名になったことをきっかけに、どんどん業態を拡大していきました。何か1つ特化した商品があると、ブランド全体の価値を上げてくれるのです。

そして、特化した商品をつくるためには、まず、既存のお客様へアンケートを取り、どんなお悩みを持っているのかを知り、自分の会社のなかで解消できるような商品ができないか考えていきま

しょう。

●継続する商品をつくる

新しいお客様を探すのには限界があるため、安定した経営には、継続的な収入があることも欠かせません。

エステサロンなどの場合は、5回以上施術を受けないと思うような効果が出ないため、効果を実感して継続してもらうためにも、5回10回といった回数券を買ってもらえるように仕組みを整えましょう。

わたしが起業したとき、何をやっていいのかわからず、セミナーを開催することにしました。募集してみると、初開催にもかかわらず40名弱ほどが集まりました。

ですが、5000円×40人＝20万円です。会場費や制作や募集にかかる時間を考えると、とても食べていけません。

その後、単発コンサルを3万円で始めましたが、1日2人で1回6万円とすると、20日間で40人のコンサルを実施して月120万円です。しかし、40人を毎月集め続けるのは不可能ですから、現実的ではありません。そこで、4か月で40万円のコンサルコースをつくりました。毎月2人集めれば80万円です。年間で24人集めると、約3000万円弱の売上が見込めます。このように数字から見ていくと、高単価メニューをつくることが、経営を安定させるカギだとわかるでしょう。ですから、わたしがコンサルをしているサロン系のビジネスも、まず高単価の継続メニューからつくり始めています。

継続商品は、わたしたちの身近に数多くあります。たとえば大学も、4年間、継続課金するビジネスモデルです。音楽配信、保険、保証、ストレージ、ZOOM、Canvaなどのビジネスツールも人気なモノは、継続商品です。安定した収益があることで、経営も安定し、商品の質も上げていくことができるため、さらに継続されていくという好循環ができているのでしょう。

わたしの知人にウェブデザイナー講師がいます。ウェブサイト制作を動画講座で学べますが、1年間のグループコンサルや対面サポートつきで、月謝が5万円です。年間12か月で60万円ですが、収入が安定化しています。

さらに、習うほうもしっかり身につけたければ継続したほうが身につくため、非常に人気のようです。

10　需要と共有のバランスを見て価格を調整する

●価格は常に一律でなくてもいい

近年ではタクシーの運賃やテーマパークの入園料にも使われている仕組みに、「ダイナミックプライシング（Dynamic Pricing）」があります。

ダイナミックプライシングとは、需要や供給にもとづいて、商品やサービスの価格を調整する価格戦略です。「動的価格設定」「変動価格制」などと呼ばれることもあります。

需要の高い時期は価格を上げることで客単価アップに役立て、需要の少ない時期には価格を下げることで購入率アップにつなげます。ゴールデンウィークやお盆など、利用客が多い時期は通常よりも人気観光地の宿泊代金がぐんと上がるのは、わかりやすい例ではないでしょうか。こうすることによって、売上を全体的に上げることができるのです。

ダイナミックプライシングは、規模の大きなビジネスだけでなく、飲食店をはじめ、人気観光地にある小売店や宿泊施設などでも導入することができます。

(例) ダイナミックプライシング

- シーズンによって航空費やホテルの宿泊料金が変わる
- 販売状況に応じてコンサートのチケット料金が変わる
- 集客の見込み具合で、スポーツ観戦のチケット料金が変わる
- 時間帯によって飲食店でのメニュー料金が変わる
- スーパーマーケットのタイムセール

最後に挙げたスーパーマーケットのタイムセールなどは、非常に身近な例でしょう。「売れなくなってしまうくらいなら、少し値下げしてでも収益につなげたい」という供給側の思惑と、安いのであれば購入したいという消費者側の思惑が合致しているため、うまく機能しているのです。

11　「売れる商品」の次に必要なのは「人」の教育！

●人の質が会社の質を上げる

商品を売り、会社の経営が安定してきたら、次は「人」の質を上げる段階です。

ビジネスを成長させるのに、もっとも重要な要素が教育といってもいいかもしれません。

教育には、教え込むという方法もあります。そのためには、繰り返し伝えていくことが大切ですが、その難しさに多くの人が挫折します。

また、1人が教える人数の限界もありますし、教育する人を育てる難易度はさらに上がります。

ですから、もっとも簡単なのは、教育するための仕組みをつくることです。

教育で一番簡単な仕組みは、インセンティブをつけることと、役職をつけ数字管理をすることです。これを仕組み化することで、人の質は、自然とよくなるでしょう。

●インセンティブと役職でパフォーマンスが上がる

人がやる気を起こすのは、希望があるからです。やってもやらなくてもよい状況であれば、人はラクな「やらない」選択をするでしょう。

わたしがコンサルをしている整体院では、もともと複数店舗を出そうとして、責任者を育てるべくマニュアル化や規則を整備しましたが、任せられる社員は育たなかったそうです。

これは、従業員が「同じ給料ならラクなほうがいい」「責任者になりたくない」とお客様対応ではなく、掃除などお金を稼がないラクなことばかりし始めたためです。

この整体院では、わたしがコンサルに入りインセンティブを導入したことで、人が育つようになりました。

現在、急成長している美容院グループのＡＧＵも、同じ仕組みを採用しています。

また、エステサロンでは、エステティシャンがある一定以上の売上を上げると利益に応じてインセンティブをつけるようにしたところ、売上が上がるようになっていきました。

お店と従業員で契約を結び、本人がお客様をとって仕事をした分だけ、収入が上がる仕組みにしたため、従業員が接客に積極的になったのです。このような仕組みを使って、パフォーマンスを上げていきましょう。

さらに、スタッフに主体的に動いてもらうには、役職をつけることも重要です。

役職は、課長や部長ではなく、広報係やブログＳＮＳ係などで構いません。人は自分の役割が決まると、それにふさわしく動きたくなるものなのです。

ですから担当や役職を決め、どこまでの権限を与えるのかを明確にしましょう。

ここでの注意点は、決定権を渡さずに責任だけ押しつけてしまうことです。まず、権限を明確にすることを大切にしてください。

●スケジュールを数字で管理する

インセンティブと役職の2つを決めたら、担当者にスケジュールと数字で目標を決めてもらいます。あとは当事者たちを信じて任せましょう。

経営者がやることは、定期的なミーティングでスケジュール管理と数字管理をすることです。

たとえば、ホールを借りてイベントを開催するとします。参加者を何人集めるかの数字を決めて、どのような集客行動をとるのか担当者に決めてもらいます。あとは定期的にそのスケジュールと数字を管理しましょう。

ポイントは具体的なやり方は、当事者に任せることです。まったく管理しないと、どんな人でも、自然と簡単なほうに流されてしまうので、注意してください。

しかし、ここをしっかり押さえておけば、従業員のパフォーマンスは自然と上がり、会社の売上も伸びていくはずです。

12　紹介システムで拡大していく

●よいお客様の紹介はよい人につながる

質の高い見込み客を集める方法は、紹介です。

とくに優良なお客様が紹介するお客様は、優良であることが多いですし、紹介をしやすい性質を持っている人同士がつながっているケースは少なくありません。

紹介をよくしてくれる人は、とてもありがたいお客様ですから、特別な待遇を用意するのもおすすめです。

また、新規で見込み客を増やすために一番簡単で効果がある方法が、紹介システムです。

（例）紹介システム

・紹介すると、紹介された人も紹介者も、半額で施術を受けられる
・紹介すると、会費が安くなり、５人紹介すれば無料になる

わたしもこれまでに、さまざまな紹介システムを試してみましたが、一番効果的なのはキャッシュバックでした。

以前、わたしがハウスメーカーに勤務していた際の上司は、いつもほかの人の10倍以上の紹介を獲得していました。

あるとき、なぜそんなに紹介が多いのか聞いてみたところ、近くに自社の商品で建てた人がいるかを聞いて、「その人の紹介ということにします」と紹介サービスを提供していたのです。そして、特別扱いする理由をつくったことで、お客様は喜んで上司から購入していました。

紹介をしてくださいといわれても、人はそんなに簡単に紹介できないものですが、特別扱いをするための理由としても、新規顧客の開拓にも、紹介はとても有効な手段です。ぜひ、上手に取り入

れてみてください。

13　取引先にブランディングを理解してもらう

●取引先を味方にする

お客様と同様に大切にしたほうがよいのが、取引先です。

ザ・リッツ・カールトンが大阪で開業する前、「あるお客様」がホテルに招待されました。それは、梅田近辺を走るタクシー運転手ほぼ全員です。

ホテルのお客様を乗せるかもしれないタクシー運転手は、ホテルの大切なパートナーだと考えたのです。

リッツ・カールトンは、招待した際に、ホテルの考え方や歴史やブランドイメージなどを伝えました。狙いは見事に的中し、タクシーの運転手がお客様にその話をすることで、ホテルのイメージ向上につながっています。

このように、一流は、お客様も、まわりの人も大切にするものなのです。

企業の考え方や歴史やブランドイメージを、自社以外にも知ってもらいましょう。

取引業者に、あなたやあなたの会社のイメージを伝えることは、大切なイメージ戦略の1つなのです。

14　ブランド価値を高めるストーリーをつくる

●ストーリーは人の記憶に残りやすい

商品の質と人の質を高めたら、ブランドの価値を高める「イメージ戦略」にも取り組みましょう。ラグジュアリーブランドの歴史でもお話ししましたが、ブランド＝歴史です。企業のストーリーを語ることは、ブランド価値や世界観をつくることにつながります。

売上を伸ばし、人を育て、高い金額の商品を扱うようになってきたら、その過程で会社の歴史が生まれています。

・コンテンツが生み出されるまでのストーリー
・スタッフがいままで生きてきたストーリー

など、ブランディングのために、商品の価値を高めるストーリーを語れるようになりましょう。

スタンフォード大学の Jennifer Aaker 教授の研究によると、事実や数字を並べるよりもストーリーで説明するほうが、最大22倍も人の記憶に残りやすいそうです。教授は「ストーリーは魂を宿したデータだ」と語っています（出典：https://womensleadership.stanford.edu/node/796/harnessing-power-stories）。商品、サービス、メディア広告など、どんな形であれ、わたしたちはそれらが持つストーリーを通してものごとを理解しているのです。

たとえば、小さな頃に聞いた昔話などは、数回しか聞いていなくても覚えていませんか？

それほど、ストーリーは印象に残るものなのです。

では、どうやってストーリーを書くのでしょうか。慣れないうちは、次のようなストーリーの型を使いましょう。

●ストーリーの3つの型を知る

商品やサービスで、ストーリーにしやすいモノは3つあります。

(1) コンテンツ誕生のストーリー
(2) コンテンツとの出合いのストーリー
(3) コンテンツでの変化のストーリー

それぞれの要素を参考に、実際にあなたのストーリーをつくってみましょう。

「誕生のストーリー」の要素

・コンテンツ自体の誕生話
・いままでの歴史
・どこで誕生したのか？
・どんなルーツがあるのか？

・誰からスタートしたのか？

「出合いのストーリー」の要素

・何に悩んでいたのか
・何を解決したかったのか
・どんな理想を実現したかったのか
・何を手に入れたかったのか
・どんな驚きの感覚があったのか

「変化のストーリー」の要素

・自分自身の変化
・お客様の変化
・売上が上がった
・カラダがよくなった
・心が軽くなった
・問題が解決した

ストーリーを伝えることで、ブランド価値が上がります。

例を参考にストーリーを作成して、あなたの想いをお客様に届けましょう。

第8章　まとめ

- [ ] 国家も企業も、安定させるにはお金が必要
- [ ] 組織は内部から腐敗しないように、数字を見て管理する
- [ ] 複合メニューや限定品で、高単価な商品をつくる
- [ ] 未経験のものより「ずらし商品」でビジネスを展開しよう
- [ ] 商品をつくる前に、お客様が何に価値を感じているのかリサーチする
- [ ] 「誕生・出会い・変化」の３つのストーリーをつくろう

第9章　専門家とともにリブランディングを行う

1　クリエイティブ・ディレクターの力を借りる

●プロの手を借りてブランドイメージを高めていく

多くのハイブランドが、ブランディングを得意としているのは、ブランディングの専門家、クリエイティブ・ディレクターがいるからです。

低迷していたラコステを復活させた、クリストフ・ルメール。同じく低迷していたグッチを復活させたトム・フォード。彼らのような存在をデザイナーとは別に入れたことで、多くのラグジュアリーブランドが低迷から復活を遂げています。

ここで、クリエイティブ・ディレクターが入ったことで、復活したブランドを新しくご紹介しましょう。

・ディーゼル

ディーゼルは、アウトレットやショッピングモールで安く売っているブランド、というイメージがついたことで低迷してしまいました。

そこで、マルジェラなどを展開するＯＴＢの資金をバックに、デザイナーのグレン・マーティンスに自由にデザインさせます。グレン・マーティンスは、ターゲットを若い世代にしぼり、新しいロゴに変えるといった大規模な変革を起こしました。

コレクションで大胆なイメージを発表したことで、イメージが改善され、現在はオシャレな人たちの心を掴んでいます。

・ボッテガ・ヴェネタ

ボッテガ・ヴェネタは、１９６６年にイタリアのヴェネト地方で皮職人を集めて小さな工房をスタートさせたのが始まりです。ボッテガ・ヴェネタという名前は、工房という意味を持つ「ボッテガ」と「ヴェネト地方」からきています。

２００１年にＰＰＲ（現：ＫＥＲＩＮＧ）の傘下となり、レザーアイテムを中心に成長し、トーマス・メイヤーというディレクターによって人気を獲得しますが、若い人にはさほど人気がなく、渋いイタリアのブランドでした。

そこにダニエル・リーが就任し、それまでの歴史を継承しながら、大胆な変化をさせます。そこで、バッグだけでなく、アパレルも人気になったのです。

2　大規模なイメージ戦略を行った「ヤンマー」

●あれもこれもではブランドイメージが定まらない

現在、ヤンマーは大きなブランドイメージの改革を打ち出しています。その中心は、クリエイティブディレクターの佐藤可士和さんです。佐藤さんはユニクロや楽天のロゴを制作したことでも有名です。数々の企業のブランド戦略、クリエイティブディレクションを行ってきた方が、ヤンマーのブランディング全般に携わり、大変革を行いました。

「次世代ロボットトラクター」「ヤンマープレミアムアグリカルチュラルウェア」「企業マスコットキャラクターのリニューアル」などの変化は、大きな話題を呼んでいます。

多くの人にとって、ヤンマーといえば、55年も続いた天気予報（2014年3月に終了）の印象が強いのではないでしょうか。でも、実際のヤンマーは農業機械、建設機械、漁船、マリンボートなども手がけている総合的なグローバル企業です。これまでヤンマーは、

「いいモノをつくっていればそれでOK」

という典型的な日本企業だったため、国によってブランドイメージが異なってしまっているのが現状です。

(例) ヤンマーの印象

・日本　…　天気予報番組
・アジア…　農業機器メーカー
・欧米　…　マリンボートのナンバーワンブランド

アジアでは農業機器メーカーだと思われていますが、欧米では、マリンエンジンのシェアが60%もあるマリンボートのナンバーワンブランドと認知されているのです。これほど、国・地域によってイメージがバラバラなブランドもそうないのではないでしょうか。

海外のラグジュアリーブランドは、デザインやクリエイティブを経営の根幹に入れてブランド戦略を立てていますが、日本はまだ製品は製品、宣伝は宣伝と分けて考えているところがあります。イメージ戦略が大切なことはわかってはいるけれど、取り組めていない企業も多いのです。

●過去のブランドイメージを一新することで興味をひく

ブランドイメージを統一するために、社長が世界各地を回って、宣伝したとしても、各国のイメージを揃えることはできないため、イメージの力を使って「バンッ！」と変革を見せることで、ブランドイメージを変えることにしたそうです。この戦略は大当たりで、新しいトラクターやウェアを見た人たちは、

「ヤンマーって、あのヤンマー!?」

「ヤンマーが、新しい取り組みを始めた！」

と興味を持って、ヤンマーのことを調べ始めています。

この、ファーストコンタクトを取ってもらえるようにできるのが、見た目でインパクトを与えられる「イメージの力」なのです。日本のほかの企業も、ヤンマーのようにイメージ戦略を立てることができれば、ブランドの価値を再認識してもらえるでしょう。

あのAppleも、スティーブ・ジョブズが復帰した際に、まず「会社が変わった」というアピールから始めました。この、「変革」を見せることも、イメージ戦略においては、とても大切なこと

です。

3　マーケティング力を上げていく

●どんなによい商品も知られなければ売れない

そもそも顧客が多くなければ、価格を上げることもブランディングも不可能です。すべての土台になるのが、マーケティング知識を身につけることなのです。

商品を磨くことや、目の前のやらなければいけないことも大切ですが、ビジネスで重要なのは、「販売すること」と「知ってもらうこと」です。

もしくは、自分が苦手なら得意な人に依頼して強化していきましょう。

とくに、職人気質の傾向の強い人が、マーケティングを身につけるのは大変ですから、コンサルタントやマーケティング会社に依頼するのも有効な方法です。

●これからはイメージ戦略＆ハイブランドマーケティングの時代

グローバルな競争が、価格競争をもたらしていることは間違いありません。

現在は、日本の製造業とヨーロッパのラグジュアリー企業は、価格競争に対して異なる対応をしています。

日本企業はコストに焦点を当て、品質に焦点を当てています。生産活動の一部を低賃金国へ移転するなどしてコストを削減し、消費者の購入価格を上げるのに収益性を確保して、低価格で質の高いモノを提供実現しているのです。しかし、これは終わりのないプロセスであり、いずれは収益性が低下する可能性が高い方法です。

一方、ヨーロッパのラグジュアリー企業は、異なったアプローチを取るコストより、販売価格と利益を重視しています。ほかとは違う価値をつくり出し、価値を提供することで、販売価格を上げ、利益率を高めているのです。

製品（モノ）が、商品（コト）に変わる考え方は、多くの価値をもたらしています。日本人にはまだ馴染みの薄いイメージ戦略とハイブランドマーケティングですが、日本文化に目を向けると、日本人がもともと得意だったことだとわかります

たとえば、鰻屋さんも日本刀も高額ですし、日本伝統工芸は軒並み高額です。

また、あらゆるものはコモディティー化し、よい商品やサービスは模倣されるのが当たり前です。たとえば、同じハンドバッグでも、1000円のモノから500万円を超えるようなモノもあります。同じモノであっても、差別化し、ブランディングを行い、価値を売り、価格を上げることができるのがイメージ戦略です。

わたしはマーケターですが、多くのマーケターの手法は、たくさん販売する方法やテクニックです。ブランディングのことに言及する人もいますが、あくまで差別化という意味でいう人が多いで

しょう。

高い機能やクオリティーやツールをつかった差別化は行いますが、演出としてのラグジュアリーなイメージを印象づけられていないのです。

イメージはあなた固有のモノで、真似することはできません。

イメージを演出することこそが、これからの時代を生き残る手法だと考えています。

商品やサービスを利用するときに、「カッコいい」と選ばれるようにしましょう。

カッコいいと思われたときに人気が出て、カッコ悪いと思われたときに流行は終わっています。

●「カッコいいイメージ」は自分で演出するもの

「よいお客様が来ない」

「値段が上げられない」

「選ばれない」

「ほかと差別化したい」

こんなお悩みを抱えている経営者は、イメージ戦略を考えてみてください。

イメージは、あなたやあなただけの会社のオリジナルで、パーソナリティーや歴史が違うのでマネがしにくいものですから、強みになります。

また、SNS全盛の時代は、視覚情報が大切です。たとえば、Instagram の画面も、商品やサービスの紹介だけでは差別化できません。そこに写る人がカッコよければ、それが差別化になるのです。

イメージ戦略は、映える写真とよく似ていますが少し違います。

あなた自身の価値や企業価値を高めて、高単価、高利益で販売するための演出ですから、プライベートまで、すべてやる必要はありません。あくまでお客様にそう見えるようにするためのものなのです。

人はカッコいい人に憧れ、マネしたくなり、時間やお金を消費します。

あなたがカッコいいと思う人や企業は、どんなイメージですか？

そのイメージになりましょう。芸能人が役柄を演じるように、これからの企業には、カッコよく見せるための演出が必要なのです。

●イメージ戦略を社内にも活用する

日本は急激な人口減に向かっています。過去の求人は、景気に左右されて募集に応募してくる人の数が増減してきましたが、現在の人不足はこれまでと深刻さが違います。

給料を上げただけでは、応募者は増えなくなっているのです。

その問題に対応するには、

「この会社で働くとこんなイメージですよ」

「この会社で働いてキャリアを積むと、こんな未来が手に入りますよ」

というイメージを伝えることが大切です。

オシャレな環境で、オシャレな人たちが働いていたら、

「わたしもこんなオフィスで仲間と働いてみたい」

と思われるようになります。

Google の世界各国のオフィスはカッコいいことで有名です。

IT企業の多くは会社がオシャレな空間になっていますが、人はどうせ働くなら、カッコいいオフィスで働きたいと思うものです。

そのため、カッコいいオフィスは求人にも効果があります。

また、もし制服のある会社なら、制服もオシャレにしたほうがいいでしょう。現に制服のデザインを変えて、募集人員が増えた学校もありますし、カッコいい制服で働きたいと選ぶ人もいます。

先ほどもお話ししましたが、わたしは、いまでも新入社員として配属された1日目を思い出すことがあります。

ダサいスーツを着て疲れ果てて、威張って怒っている上司たち。あれを見たときに、

「自分は30年後にああなりたくない」

と初日で早く退社しようと心に誓ったことを忘れられません。働く人の姿は、それほどまわりに大きな影響を与えるものなのです。

４「高級なお店」というイメージをつくる

●高単価で営業する美容院のポイント

現在、わたしがよく行く美容院は、近隣の店より１０００円ほど高いお店です。

この美容院では、お店のブランド価値を高めるために、さまざまな工夫がされているのがわかります。

店内は、コンクリート打ちっぱなしでモノトーンカラー、ミディアムカラーの木製家具で統一されています。また、雑誌を置いていない代わりに、ハイブランドが出版したファッションや旅行のイメージ本だけが置いてあります。

そして、フランク・ロイド・ライトの名作、スタンド照明「タリアセン」を使っています。

スタッフの服装もいつもオシャレです。


【お店のこだわり】
- ・お客様のシャンプーの際に掛ける毛布は、クリスチャン・ディオール
- ・個人的に着ている洋服の一部に、クリスチャンディオールのモノを取り入れる
- ・服の色は、白・黒・グレーのみ
- ・スタッフのユニクロ着用はＮＧ

・デニムNG
・被り物NG
・生足NG
・男性の半ズボンNG
・女性はヒール着用
・カップラーメンNG

このように、ルール化することで、徹底したイメージづくりをしているのです。

●単価の高い商品を扱うためのイメージづくり

腸もみサロンが好調なオーナーさんは、少し単価の高いコースで施術をしています。

60分　1万7000円
90分　2万3000円
120分　3万2000円

高単価なメニューを扱っているため、お店の演出やサービスには、次のようにこだわっています。

・交通の便がよい立地

阪急、地下鉄など複数の最寄り駅があり、繁華街に近い場所に店を構えています。

・店内で飲食しない

飲食をしないだけでなく、匂いがするモノは持ち込まないように徹底しています。

・高級なサロン

匂いや音などに気をつけ、日常や生活と切り離した空間をつくることが大切です。

・メイク用品、そのほかサロンのモノはなるべく高級なもので揃える

エステサロンでは、わかりやすくシャネルを使用しています。

・店内のインテリアは専門の方にお願いする

・お客様のお出迎え、お見送り

お出迎えとお見送りは、玄関ではなくエレベーターの前まで行きます。

傘やたくさんの荷物があるときは、そこで預かりましょう。

また、お帰りのときは、エレベーターの扉が閉まり、下に行くまで頭は上げません。

・カルテをつくる

症状や施術内容はもちろん、旅行、家族のこと、ライブの予定など、簡単な会話もメモします。後日、よいことを尋ねることはあっても、悪いことや心配事については、お店側からはあえて聞かないようにしています。

・その人に合わせた特別な対応をする

「今日は○○だから、こういう施術をしますね」というように、その人に合わせた特別な対応を心がけています。

このような演出とサービスの積み重ねによって、高級なお店、高単価でも通いたいお店というイメージ構築につながっていくのです。

5　経営者のイメージが変わると会社のイメージも上がる

●経営者のブランディングで集客が変わる

現在、わたしのコンサルを受けるクライアントさんは、イメージ戦略を実践するため、長谷ちかこさんの魅力開花ブランディングを受けたり、洋服の同行ショッピングを依頼したりしています。

長谷さんの魅力開花ブランディングは、以下のように行われています。

【図表20 長谷さん QRコード】

【コンセプト】

「あなたにお願いしたい！」と選ばれる人になるためには、自己信頼し自分自身を大切に扱えることが一番重要です。そのために内面を整え、外見を意識しましょう。

どんなにいい商品を持っていても、自分を信じることができなければＰＲすることはできませんし、どんなにいい技術を持っていても、印象がよくないと選んでもらえません。

自分自身を整えて磨くからこそ、自己ＰＲができ、「あの人にお願いしたい」と興味を持ってもらえるのです。

内面から変えるのは難しいからこそ、まずは、外見から自分に意識を向けて大切に扱う習慣をつけることで、セルフイメージをアップして内面と外見を輝かせることができます。

【印象戦略】

どんなにいい商品を持っていても、印象がよくないと選ばれませんし、興味すら持ってもらえません。自分のファンをつくる意識で、自分の持ち味を知り活かすことが大切です。

印象戦略で大切なのは、色・形・質感です。人もモノも、この3つの要素で形成されており、人やモノのイメージは、色・形・質感で大きく変わります。身につけるモノは、その人の顔や身体の外見的な特徴と同じモノが似合いやすく、見た目にも違和感がなく似合います。

とくに、「線」や「形」の特徴は、人に与える印象がもっとも変わるものです。

・**線の特徴（直線的か曲線的か、細いか太いかなど）**

細い…繊細、弱い、軽い、女性的

太い…大胆、強い、重厚、男性的

・**形の特徴（大きさ、厚み、質感など）**

○型：優しい、親しみやすい、穏やか、親近感、女性的、ソフト、可愛い

□型：安定感、重厚感、伝統的、古風、固い、男性的

△型：シャープ（鋭い）、クール、モダン（現代的）、斬新、男性的

まずは、自身の持ち味を知ることで、その持ち味を活かす方法を知り、自分のセルフイメージを

上げて、まわりの印象もアップさせていきましょう。

また、印象戦略に欠かせないものに、「艶」があります。

人は艶があるモノに輝き、若々しさ、エネルギー、品性を感じます。

ですから、普段から服のツヤや光沢感、髪のツヤ、肌のツヤのお手入れを怠らないようにしましょう。それによって、若々しさ、上品さ、輝き、エネルギー、透明感を感じさせることができ、イメージのアップにつながります。

●見た目から相手に与えたいイメージを演出する

イメージ戦略を実践するため、わたし自身も専門家に衣装を選んでもらい、プロカメラマンに撮影をしてもらいました。それが、本書のプロフィール写真です。

じつは、この写真を撮影してもらう際には、

「自分の好みで服を選ばず、お客様からどう見られたいのか、成功した自分が着ている服をいま着るイメージで選んだほうがいい」

と尊敬する経営者でもあり本書の編集者でもある星野さんに、服装のアドバイスを受けています。

そして、そのままファッションコンサルを受け、わたしが1人では選べないような服を着用しています。

星野さんによると、洋服は一番簡単にセルフイメージを変える効果があるそうですが、実際に選

んでもらった服を着て鏡に写る自分を見ると、意識が変わるのを実感しました。

そして、プロフィールやFacebookのカバーや名刺などに使うと、明らかに相手の反応が変わり、クライアントの事業規模も大きくなっていったのです。

ファッションコンサルを受けた服でプロカメラマンに撮影をしてもらい、スローガンとキャッチコピーを考えてSNSなどに掲載すると、明らかに相手の対応が変わります。これはわたしだけでなく、わたしのクライアントさんの事業規模も、受注金額も明らかに変わっていきました。

また、SNSなどの申請も、以前は断られることが多かったのですが、わかりやすく高級品を身に着けている現在は、ほぼなくなりました。

本を多数出版し、身なりもしっかりしてくると、相手の対応も変化するものなのです。

それからというもの、半年に1回ほどでファッションコンサルをして、写真を撮影してもらっています。

別のファッションコンサルの人からも、「よいモノを着ると、自らの振る舞いも変わりますよ」と言われました。

それからは、わたしにとってファッションは楽しむだけでなく、ビジネスのための衣装になりました。ファッションは、消費ではなく投資なのです。

芸能人のようにカッコよく有名になれば、服はなんでもよいかもしれませんが、わたしのように有名ではない人は、「他人からどう見られているのか?」という視点は大切です。

経営者など会社の顔になる人は、自身の外見ブランディングも行っていきましょう。

【図表21　外見ブランディング（Before After）】

6　オシャレとはスタンダードに少し変化を加えること

Before

After

●オシャレな人を目指す

「みんなと同じモノ」に、人はオシャレを感じません。何かが違うことで、オシャレに感じるものなのです。しかし、「みんなと違えばなんでもいい」というわけでもありません。

誰もが理解できる範疇で、少しだけ違うことをしましょう。

たとえば、みんなが無地のモノを着ているなかでワンポイント柄の入ったモノを着ている人は、オシャレに見えるものです。

これが流行の始まりです。

そして流行は反動で戻っていくので、みんなが柄の入ったモノを着ているなかで無地を着ていたら今度はそれがオシャレに見えるでしょう。

(例) オシャレ

柄物 ↑↓ 無地
細身 ↑↓ 太身
地味 ↑↓ 派手
ストリート ↑↓ ドレス

このとき、無地からいきなり柄物に切り替わることはありません。生物の進化が、恐竜から、始祖鳥になり、鳥になるように、徐々に徐々に変わっていくのです。

この考え方がわかると、次の流行を先取りし、流行をつくり出すこともできるでしょう。

ビジネスでは、オシャレで、流行を先取りしているイメージは、仕事にもよいイメージを与えます。ぜひ、自分のブランディングに、服装を役立ててください。

また、この考え方を活用して、自分の業界のなかでスタンダートなモノに少し変化をつければ差別化要素になるでしょう。

7　セクシーさは人を惹きつける重要な要素

●人は見た目で惹かれるもの

男性のカッコよく見られたい、稼ぎたい、成功したい、などの欲求を辿ると、「異性にモテたい」という言葉に集約されることが多いでしょう。また、女性の場合は、「異性にも同性にもモテたい」と思う人が大勢います。

このように、人間の欲求として、異性からモテたいというのは強い動機の１つなのです。異性として意識されるというのは人気が出るための重要な要素です。逆に、異性として認識されずモテない人は、ビジネスでもうまくいきづらいでしょう。

中年になると、異性からの目を気にしなくなる人が増えますが、わたしは大学を卒業して、会社に初出社したときの印象がいまでも忘れられません。

太っていて、身なりに気をつかわず、ダサいスーツに身を包みながら不機嫌で、威張って、怒鳴る上司たちの姿を見て

「ここにいたら、自分の30年後はこうなるのか…？」

と絶望しました。

上司たちは、いろいろな教育をしてくれましたが、わたしはその上司のようになりたくないと思ってしまっていたため、いわれたことも素直に聞けませんでした。

人はカッコいいモノに憧れ、その人のようになりたいと思うものです。

人としても、ブランディングにおいても、カッコよさ、セクシーさは重要な要素になるでしょう。

とくにセクシーさは、異性として魅力的に感じるイメージをあらわす言葉です。ブランディングでは、異性として魅力的に見えるようなセクシーさも身につけましょう。

●グッチは、セクシーさの表現でブランドを復活させた

ファッションショーでは、セクシー要素が入ることも多々あります。

1994年にブランドのクリエイティブディレクターに就任したトム・フォードは、低迷していたグッチに許される「上品」と「下品」の絶妙なバランスで、大胆なセクシーさを表現しました。そのデザインはセンセーションを巻き起こし、結果的に莫大な利益を生み、ブランドを復活させたのです。

フォード自身、

「グッチとして許されるぎりぎりのところまで、セクシー路線を進めていこうとしていた」

と語っています（出典：『ザ・ハウス・オブ・グッチ』／サラ・ゲイ・フォーデン（著）／実川元子（訳）／講談社）。

「ポルノ・シック」と呼ばれたそのクリエイションは、Ｔバック、ボディジュエリーなどのアイテムを駆使しながら、男女の間の高貴な肉体的セクシーさを表現することに成功したといわれています。

【異性からみてセクシーに感じる人】

- 外見……身体的な魅力、ファッションセンス、身につける衣服やアクセサリーの種類や色合いなど、見た目に関連する要素からセクシーさを感じさせる
- 振る舞い……自信があり、相手に対する落ち着いた振る舞い方で、魅力が引き立つこともある
- 声……声のトーン、話し方、笑い声など、聴覚的な魅力もセクシーさに影響を与える要素
- 知性とユーモア……会話中の知的なやり取りや、適切なタイミングでのユーモアの使用は、相手にセクシーさを感じさせることがある
- 独自性と個性……人とは異なる独自の趣味、関心、生き方を持つことも、魅力的に映るのでセクシーと感じられる
- 肌の質感……健康的で手入れが行き届いた肌は、触れたくなるような魅力を放つ
- 香り……個人の体臭や選んだ香水など香りは非常にパーソナルな魅力の源となり得る

五感は、視覚（見る）、聴覚（聴く）、味覚（味わう）、嗅覚（嗅ぐ）、触覚（皮膚で感じる）の5つの感覚です。

ファッションはわかりやすく、五感で相手に自分の印象を与えることができるモノですから、多いに活用してください。

● Apple製品にはセクシーさがある

余談ですが、iPhoneは金属ボディーとガラスにこだわってつくられています。それまでのPDAは、プラスチックのボディーとプラスティックのディスプレイだったのでとても画期的でした（※現在は有機EL）。

そもそも、持ち運ぶモノに割れやすいガラスを使うのは異例ですが、iPhoneはコーニング社によって開発されたゴリラガラスという特殊ガラスを使用することによって可能にしたのです。通常のガラス材料を溶かす際に、圧力をかけて、さらに特殊な加工をすることで、ガラスの表面の微細な隙間をより狭くして、滑らかさを実現しました。

ここがスティーブ・ジョブズのこだわりのセクシーさです。

また、以前のパソコンは、強度を保つために厚みがありましたが、iMacのボディーはアルミの削り出しで製作することで、ボディーを薄くしたうえに強度も確保したのです。

どちらのデザインも、スティーブ・ジョブズのこだわりで、「セクシーさ」を表現しています。

どのような業界であっても、セクシーさは人々を惹きつける魅力となる大切なポイントなのです。

8　写真で会社のイメージ戦略を立てる

●写真で会社の世界観を表現する

何度も強調したいところですが、イメージ戦略は、海外ブンランドやラグジュアリーブランドだけのものではありません。

むしろ、日本の中小企業ほど取り入れることをおすすめしています。

イメージ戦略を行う際、中小企業でも取り入れやすい方法の１つが写真です。

写真には、言葉を使わずに、

「この会社はこんなイメージです」

「わたしたちの団体は、こんなイメージです」

という世界観を伝える力があります。

会社のスタッフの集合写真なども活用して、カッコいい、かわいい、品がある、楽しそう、高そうなど、自分たちが相手に見て感じてほしいイメージをつくりましょう。

このとき、等身大の自分たちより、成功したイメージや理想の世界観を表現することが大切です。

実際の例をもとに、ご紹介しましょう。

●(1) **笑顔収納®の大熊さんの例**：暮らしStyle（https://kurashi-style.net/）

代表の大熊さんは、もとは専業主婦からスタートし、「お客様へ愛と感動を残すこと」を合言葉に活動しています。

【想い】

暮らしStyleでは、笑顔収納®を伝えています。

笑顔収納®は、家族が笑顔になるための暮らしづくり。「ひと家庭の笑顔から、日本中、世界中を笑顔に！」がミッションです。

先ほどの写真を撮ろうと思ったのは、HPをご覧になった方に次の2つのことを伝えたいと思ったからです。

・「みんな違って、みんなイイ！」という考え方を大切にしているチームであること

わたしたちのチームは、「みんな違って、みんなイイ！」という理念のもと、1人ひとりの個性や価値観を尊重しリスペクトし合いながら活動しています。

1人ひとり大切にしているモノ、コト、想いは違います。それを認め合えれば、優しい家庭、社会、世界になると思っています。そして、そんなわたしたちだからこそ、お客様にも深く寄り添い、心に響くサービスを提供できるのだと考えています。

このメンバー写真の共通点は、暮らしStyleのイメージカラー（理念カラー）のブルーだけです。ブルーの色、服装、髪型、雰囲気、そしてこれまでの経歴、仕事の仕方は、まったく違います。1

人ひとり「違ってイイ」という想いが、この写真を通じて表現されているのです。

・片づけの先の人生の楽しみ方

「片づけ」というと、モノを綺麗に並べる、もしくは捨てるというイメージがあるのではないでしょうか。でも、わたしが伝えたい片づけのゴールはそこではなく、自分らしく人生を楽しむことです。片づけは、単にモノを整える行為ではなく、自己表現の一形態ととらえ、それを通じて人生をより豊かに、より自分らしく楽しむための手段としています。

自分にとって大切なモノ、心地よいと感じるモノを選び抜く、という選択をすることで、お部屋が変わり、暮らしが変わり、心の整理、思考の整理、にもつながっていきます。

モノときちんと向き合うことで、自分自身のしあわせにつながる道を見出すことにもつながるのです。それが、わたしの提唱する「笑顔収納®」です。

この写真を見ていただくことで、楽しそう！　人生楽しんでいそう！　整理収納やってみたい！そのような雰囲気が伝われば幸いです。

見本に載せている、大熊さんの「暮らしStyle」のホームページの写真には、実際に働いているメンバーが写っています。

素敵な笑顔の写真から、は「明るい」「楽しそう」というイメージや、「ここにお願いしたらお部屋が明るくなりそう」といったイメージを与えられるでしょう。

●(2) ＤＦウォーク 山口マユウさんの例： 一般社団法人 日本 DFWALK 協会（https://dfwalk.com/mayuu/）

代表の山口さんは、第4回ミセス日本グランプリの受賞者。ウォーキングを通して活力寿命延伸活動を行っています。

〔想い〕

ウォーキングはあくまでも手段です。

わたしたちが一番に目指していることは、人生最後の日にすべての人が、

「わたしの人生は素晴らしかった」

と感じてこの世を去り、ワンダフルと言えるような人生であってほしい、という想いが根底にあります。

DFウォークのDFは、ディープフォレスト（深い森）＝深呼吸する、自然体、心の叫びというコンセプトをあらわしています。

また、「人は何事にも囚われないそのままの姿が一番美しい」という意味も込められています。

当時モデルとしてまだ緊張しながら作品撮りをしているときに、わたしは「モデルってこうあるべき」という意識を持っていました。それに気づいたカメラマンさんは、本番撮影前に、準備をしているわたしの写真を見せてくれたのです。

「君はこうやって自然な状態でいるときのほうが美しい。だから構えるな。撮られると思うな」

と言われて、人の自然体の魅力を知り感動した経験や想いをコンセプトに掲げ、ウォーキングを通

して伝えています。

2枚目のドレスで片足立ちしている写真は、ヒールで綺麗に歩くためには筋力と重心が必要であることを伝えるために、あえてこのポーズにしました。

いかがでしたでしょうか？

イメージの受け取り方は人それぞれですが、想いやコンセプトに合わせた写真を使うことで、その人の持つ「美しさ」や健康を支える「足の筋力」の重要性を感じたり、「こうやって健康的な美しさを手に入れたい」と思ったり、共感してもらいやすくなります。

近年、Instagramなどの画像検索が増えていますが、これは検索する際に、「文字よりも画像のほうが早い」という人が増えているからです。

そして、検索した際に、カッコいい画像とそうでない画像なら、当然、カッコいい画像のほうが好まれるでしょう。

ですから、見てわかりやすいイメージ戦略は大切なのです。

スマホの普及によって、イメージ戦略の価値は、これからも上がっていくでしょう。

ハイブランドイメージ戦略は、このようにわたしたちの身近に落とし込んでいくことができます。

さらに、「職人」と「マーケター」が力を合わせることでビジネスはもっと拡大し、もっと多くの人に届けることができるようになるはずです。

第9章　まとめ

- □ 多くのハイブランドがプロの手を借りてブランドイメージを高めてきた
- □ イメージ戦略で差別化・ブランディングを行い、価格を上げよう
- □ 場所・店内の雰囲気・人の服装などから、「高級なお店」というイメージをつくる
- □ 「経営者自身のブランディング」によって、訴求力が上がる
- □ オシャレ・セクシーなイメージが人を惹きつける
- □ 写真を活用して、会社や商品の世界観・イメージを伝えよう

おわりに

本書を最後までお読みいただき、ありがとうございました。

ハイブランドマーケティングでは、「歴史」「ファンマーケティング」「イメージ戦略」の3つの要素が重要です。

海外ではイメージ戦略で成功しているブランドが多数あります。イメージ戦略を、「ただの見栄」のように否定的に受け取る人もいますが、品質だけでは生き残ることが難しい時代になってきました。

日本国内の市場をターゲットにしている企業であっても、海外ブランドの商品が大量に日本に入ってきている以上、イメージ戦略の取り組みは、避けては通れなくなってきているのです。

「イメージ」は人それぞれ違うモノなので、人によっては想像しづらいところもあったかもしれません。これまで品質にこだわって成功してきた日本人にとって、イメージ戦略は、見たことがなく経験もあまりない新しい概念でしょう。

また、日本ではまだまだブランド品を身につけてカッコつけることや、ラグジュアリーというモノに抵抗を感じたりする人も少なくありません。

たとえば、バルミューダという家電メーカーは、オシャレで革新的な製品を出すメーカーですが、業界では後発でした。でも、イメージ戦略で2～3万円のトースターを販売し、人気を獲得しています。

ブランドを差別化し、価値を高め、高額商品を売ることができるのがイメージ戦略なのです。

わたしは、元来、日本はハイブランド戦略を得意にしている民族だと考えています。

たとえば、「おもてなし」という文化は、商品そのものではなく体験に価値を見出す考え方の一例でしょう。

この、商品以外に価値を見出すことが、ハイブランドマーケティングのイメージ戦略に通じています。

これまで日本の多くの企業は、高品質を追求し、よい品をつくることに心血を注いできました。

それは、もともと王族や貴族のオーダーメイドを扱っていた、職人気質だった頃の海外のハイブランドとも通じるものがあります。

でも、近年人気を博しているハイブランドの多くは、職人主導のまま、現在のように拡大してきたわけではありません。

世界的に認知されているハイブランドのほとんどは、マーケターやクリエイティブディレクターが入ったことで大きく成長しているのです。

ハイブランドマーケティングは、価格競争や模倣品による価値の低下から抜け出す道を示しています。

日本の企業がこれから先の時代を生き残るためには、自分の価値観を上げる「イメージ」をつくり出す、プロのマーケターやクリエイティブディレクターの存在が必要不可欠なのです。

近年は、日常にアメリカ・中国・韓国などさまざまな国の製品が手に入りやすくなりました。

今後は日本国内の市場でも、イメージ戦略を得意とする海外企業との競争は避けられません。

日本企業がこれからますます厳しくなる世界のなかでも活躍するために、本書がその競争力を高める一助となりましたら幸いです。

上嶋　悟

【参考】

・『ラグジュアリー産業：急成長の秘密』／ピエール＝イヴ・ドンゼ（著）／有斐閣
・『グレイトフル・デッドにマーケティングを学ぶ』／デイヴィッド・ミーアマン・スコット（著）／ブライアン・ハリガン（著）／糸井重里（監修）／渡辺由佳里（翻訳）／日経BP
・『利益が見える戦略MQ会計』／西順一郎（著）／宇野寛（著）／米津晋次（著）／かんき出版

著者略歴

上嶋　悟（かみじま　さとる）

幼少期からマーケティング的な思考を持ち、

「どう教えたら生徒がより成果を出せるのかな？」

「飲食店に入れば、どうすればこのお店は繁盛するのかな？」

と学校の仕組み、飲食店、会社の経営について考えている子どもだった。

社会人になりインターネットに出会ってからは、自分の理論の実戦と副業として、オリジナルシルバーアクセサリーを製造販売し、ネットショップを開始。アクセサリーの販促で始めたブログが人気となり、２００記事で月間20万アクセスを記録。ネットショップも３時間で３０００万円の売上を達成。多くの人からやり方を聞かれるようになり、個別レクチャーを行う。その後、本格的にマーケティングをするために地元のウェブ制作会社に転職。２年間で60件の受注を獲得し、ネットからの自動集客で入社時は瀕死状態だった小さなウェブ制作会社が大躍進。ネット集客の経験や知識のノウハウを提供し、のべ２００社の業績アップに携わる。現在は独立し、ネットコンサルタントとして日々新しいマーケティング理論を開発し、実践、出版を行っている。

主な著書　『90日で稼ぎ続けるホームページをつくる方法』（Kindle出版）、『読むだけで想像以上の未来が手に入る本』（Kindle出版）、『90分で人が押し寄せるＬＰをつくる方法』（Kindle出版）、『儲かる会社のつくり方大全』（セルバ出版）

企画・編集協力　星野友絵・大越寛子 (silas consulting)

単価も利益も客層も上がる！

中小企業のためのハイブランドマーケティング

2024年6月28日　初版発行

著　者　上嶋　悟　© Satoru Kamijima

発行人　森　　忠順

発行所　株式会社 セルバ出版
〒113-0034
東京都文京区湯島１丁目12番６号 高関ビル５Ｂ
☎03（5812）1178　　FAX 03（5812）1188
https://seluba.co.jp/

発　売　株式会社 三省堂書店／創英社
〒101-0051
東京都千代田区神田神保町１丁目１番地
☎03（3291）2295　　FAX 03（3292）7687

印刷・製本　株式会社 丸井工文社

Printed in JAPAN
ISBN978-4-86367-901-6